立金银行培训

银行客户经理宝典 励志照亮人生
学习产品成就优秀银行客户经理

银行培训畅销书
立金银行培训教材

- 客户经理财务报表分析工具书
- 大量精彩财务报表分析经典案例

BANK
ACCOUNT MANAGER

国内顶尖的银行信贷实务培训机构
——立金银行培训中心

银行客户经理财务报表分析培训（第二版）

立金银行培训中心◎著

U1015471

中国经济出版社
CHINA ECONOMIC PUBLISHING HOUSE
北京

图书在版编目（CIP）数据

银行客户经理财务报表分析培训 / 立金银行培训中心著 . –2 版 .
-- 北京：中国经济出版社，2019.5（2024. 9 重印）
ISBN 978–7–5136–5615–3

Ⅰ . ①银… Ⅱ . ①立… Ⅲ . ①银行 – 会计报表 – 会计分析 Ⅳ . ① F830.42

中国版本图书馆 CIP 数据核字（2019）第 060710 号

责任编辑　张梦初
责任印制　马小宾
封面设计　华子图文

出版发行　中国经济出版社
印 刷 者　北京艾普海德印刷有限公司
经 销 者　各地新华书店
开　　本　710mm × 1000mm　1/16
印　　张　12.5
字　　数　200 千字
版　　次　2019 年 5 月第 2 版
印　　次　2024 年 9 月第 5 次
定　　价　52.00 元
广告经营许可证　京西工商广字第 8179 号

中国经济出版社 **网址** www.economyph.com **社址** 北京市东城区安定门外大街 58 号 **邮编** 100011

本版图书如存在印装质量问题，请与本社销售中心联系调换（联系电话：010–57512564）

版权所有　盗版必究（举报电话：010–57512600）

国家版权局反盗版举报中心（举报电话：12390）　　服务热线：010–57512564

为银行培养优秀的银行客户经理

立金银行培训中心第一版《银行客户经理财务报表分析培训》，受到了读者的热烈欢迎，为了更好地增加客户经理对财务报表的理解，我中心决定推出将此书再版。

立金银行培训中心出版教材已达100多本。我们培训的内容以前大多集中在信贷产品，但本书是为广大客户经理讲解如何识别企业的报表。大量的客户经理给我们来信，询问如何识别报表，非常感谢大家的信任，本书将讲解如何学习报表。

对公授信产品帮助客户解决具体的问题，而财务报表分析就是对客户进行把脉诊断，找到客户的问题所在。

一、精通信贷产品的客户经理

立金银行培训中心每年为各家银行提供超过300次的客户经理培训，我们对客户经理如何学习和掌握专业知识有自己的见解。

现在刚进入银行的客户经理，很少经过系统化的信贷产品和报表分析培训，大部分是先去柜台实习，然后进入机关，或者走师傅带徒弟的模式。

我们认为，客户经理必须熟练掌握报表分析技巧，银行要对客户经理进行系统化的培训，包括如何识别报表造假，如何从报表分析中找出优质企业。

二、建立客户经理的信贷文化

银行一定要建立客户经理的信贷文化。文化需要每个客户经理主动去做，而不是在别人指导下去做，建议每个客户经理都建立自己独特的信贷文化。

客户经理应确立良好的学习目标，投入时间和精力学习信贷产品，学习报表分析的要点，努力成长为专家型银行人才。

前文我们讲解客户经理应该如何成长，下面回归本书主题，本书的特点如下：

第一，去粗取精，本书没有对企业财务报表进行分析，而是从银行分析企业风险的角度，选取银行最关心的指标进行讲解。例如，本书重点分析如何识别企业风险，如何给企业核定准确的授信额度，如何找到企业财务指标的营销机会。

第二，复杂的问题简单化，本书将复杂的财务报表结合作者对财务报表的深度理解进行分析，确保本书内容通俗易懂，风格幽默，非常适合广大客户经理学习和掌握。

立金银行培训中心

目　录

第一课
轻轻松松教你看懂资产负债表

银行客户经理最应该学习的基础知识就是看懂企业的财务报表，只有看懂并精通企业财务报表，才能准确地甄别企业的风险，从而找到银行信贷产品的切入机会。

做客户经理应当勇敢，但不盲目，一定要精通财务报表分析。

1. 资产负债表掌握要点

资产负债表是反映企业在某一特定时期（月末、季末、年末）的财务状况。资产负债表反映企业在某一特定时期所拥有或控制的经济资源、所承担现时义务和所有者享有的资产，通过报表分析，可以帮助银行全面了解企业财务状况、分析企业偿债能力等，从而为银行做出信贷决策提供依据。

优质的资产保证了企业的长远发展，低质量的资产会严重危害银行的信贷安全。

资产负债表依据“资产=负债+所有者权益”这一会计等式，按照一定的分类标准和次序，将一定时期的资产、负债及所有者权益项目予以适当排列编制而成。

（1）资产负债表的内容

> 资产就是远期能够给银行带来利益的资源，负债就是企业有偿借用的外部资源，所有者权益就是股东投入的累计资源。资产负债表就像资源的运作游戏。

资产负债表主要包括三大部分，即资产、负债和所有者权益。

①资产。在资产负债表中，资产是企业在某一特定日期所拥有或控制的、预期会给企业带来经济利益的资源。资产应当按照流动资产和非流动资产两大类别在资产负债表中列示。

A. 流动资产是指预计在一个正常营业周期中变现、出售或耗用，或者主要为交易目的而持有，预计在资产负债表日起一年内（含一年）变现资产，或者自资产负债表日起一年内交换其他资产或清偿负债能力不受限制的现金或现金等价物。

流动资产是企业最容易变现的资产，可以应付短期的偿债需要。对于银行而言，需要通过变现流动资产来清偿贷款、银承等债务。

正常营业周期通常是指企业从购买原材料起至实现销售收回现金或现金等价物期间。正常营业周期通常少于一年，但是，也存在正常营业周期多于一年情况，如房地产开发企业、造船企业等，从购买原材料进入生产，到制造出产品出售并收回资金都需要较长的周期，另外，大型飞机制造公司制造飞机的完整过程，大型公路开发企业开发公路的过程，都远远超过一年。

在这种情况下，与生产循环相关的产成品、应收账款、原材料尽管超过一年才被变现、出售或耗用，但应作为流动资产列示。

资产负债表中列示的流动资产项目通常包括：

1. 货币资金　（随时可以用于还贷）
2. 应收票据　（随时可以贴现，还贷）
3. 交易性金融资产　（随时可以抛售，还贷）
4. 应收账款　（存在一定危险，需要参考下游信誉）
5. 预付款项　（如果收款对象是政府等，风险较低）
6. 存货　（风险较大）
7. 其他应收款　（不应当较大，如果较大，必须分析；若为施工企业有较大金额则合理，其他企业需要谨慎）
8. 一年内到期的非流动资产等

B. 非流动资产是指流动资产以外的资产。资产负债表中列示非流动资产项目通常包括：

1. 固定资产　2. 无形资产　3. 长期股权投资
4. 在建工程　5. 工程物资　6. 长期待摊费用
7. 其他非流动资产等

②负债。资产负债表中负债反映的是在某一特定日期企业从外部直接或间接借入的可以用货币计量的资源。

股东投入企业经营需要最基础的资源，而通过借入外部资源可以有效提升股东回报率，负债是为了实现杠杆效应，提高股东的盈利能力。

A. 流动负债是指预计在一个正常营业周期中清偿，或者主要为交易目的而持有，自资产负债表日起一年内（含一年）到期应予以清偿，或者企业无权自主地将清偿推迟至资产负债表日后一年以上的负债。

流动负债项目通常包括：

·短期借款（刚性负债，企业偿债压力最大，如果不还，随时会反映在征信中）

·应付票据（刚性负债，压力极大）

·应付账款（并非刚性，如果不还，不会反映在征信中）

·预收款项

·应付职工薪酬

·应交税费

·应付利息

·应付股利

·其他应付款、一年内到期的非流动负债等

B. 非流动负债是指流动负债以外的负债。

非流动负债项目通常包括长期借款、应付债券和其他非流动负债等。

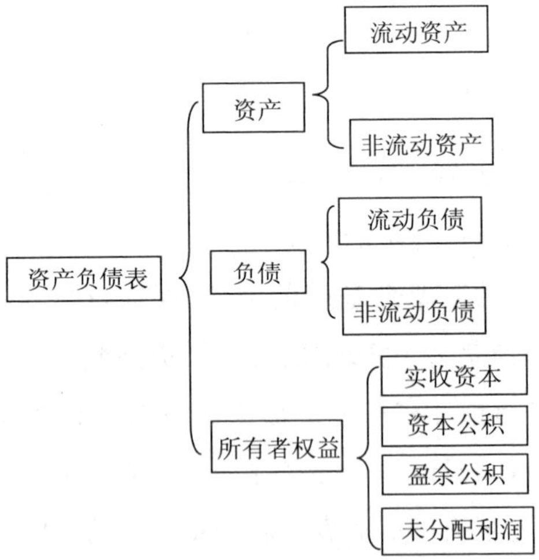

图 1-1 资产负债表组成

③所有者权益。资产负债表中所有者权益是企业资产扣除负债后的剩余权益,反映企业在某一特定日期股东所投入初始资源以及日后积累的资源总额,包括股东直接投入的资源和增值的部分。它一般按照实收资本(或股本)、资本公积、盈余公积和未分配利润分项列示。

(2)资产负债表的格式

账户式资产负债表分左右两方,左方为资产项目,按资产的流动性大小排列,流动性大的资产如"货币资金""交易性金融资产"等排在前面,流动性小的资产如"长期股权投资""固定资产"等排在后面。

右方为负债及所有者权益项目,按要求清偿的时间先后顺序排列,"短期借款""应付票据""应付账款"等需要在一年以内或者长于一年一个正常营业周期内偿还的流动负债排在前面,"长期借款"等在一年以上才需偿还的。

账户式资产负债表中资产各项目合计等于负债和所有者权益各项目的合计,即资产负债表左方和右方平衡。通过账户式资产负债表,可以反映资产、负债和所有者权益之间的内在关系,即"资产=负债+所有者权益"。

表 1-1 资产负债表

编制单位: 年 月 日 (单位:元)

资产	行次	期末余额	年初余额	负债和所有者权益(或股东权益)	行次	期末余额	年初余额
流动资产:				流动负债:			
货币资金				短期借款			
交易性金融资产				交易性金融负债			
应收票据				应付票据			
应收账款				应付账款			
预付账款				预收账款			
应收股利				应付职工薪酬			
应收利息				应交税费			
其他应收款				应付利息			

续表

资产	行次	期末余额	年初余额	负债和所有者权益（或股东权益）	行次	期末余额	年初余额
存货				应付股利			
一年内到期的非流动资产				其他应付款			
其他流动资产				一年内到期的非流动负债			
流动资产合计				其他流动负债			
非流动资产				流动负债合计			
可供出售金融资产				非流动负债			
持有至到期投资				长期借款			
长期应收款				应付债券			
长期股权投资				长期应付款			
投资性房地产				专项应付款			
固定资产				预计负债			
在建工程				递延所得税负债			
工程物资				其他非流动负债			
固定资产清理				非流动负债合计			
生产性生物资产				负债合计			
油气资产				所有者权益（或股东权益）			
无形资产				实收资本(或股本)			
开发支出				资本公积			
商誉				减:库存股			
长期待摊费用				盈余公积			
递延所得税资产				未分配利润			
其他非流动资产				所有者权益(或股东权益)合计			
非流动资产合计							
资产总计				负债和所有者权益(或股东权益)总计			

2. 银行分析资产负债表的要点

银行通过分析企业资产负债表,来判断企业的经营状况。做银行信贷,最重要的就是找到安全边际,如果对象是安全的,就可以提供融资或融信。

资产负债表就是将企业平时发生的每一笔业务和日常会计核算资料分类汇总,按照一定的表格形式编制成会计报表,银行可以分析出企业经营成果与财务状况等有用的信息。

资产负债表主要集中描述企业资产结构和负债结构。资产及其构成,表明投入企业资源的运用,是企业投资活动的结果;负债与所有者权益及其构成,表明企业资金的来源,是企业广义的筹资活动的结果。

判断一个企业还款来源最靠谱的资源是流动资产变现,流动资产必须具备很好的变现能力,就中小企业而言,其他还款资金来源都不可靠。

3. 资产负债表向我们提供的重要信息

资产负债表是企业对外提供的一份基本报表,是银行客户经理据以了解企业经营情况进行信贷决策的重要工具。

(1)反映企业拥有的经济资源

资产负债表展示企业拥有或控制的、能用货币表现的经济资源,即资产的总规模及具体分布形态。不同形态的资产对企业经营活动有不同的影响,通过对企业资产结构的分析可以对企业的资产质量做出一定的判断。

例如,钢铁经销商会有较多的存货资源——钢材,钢材就是经销商占有的资源;同样,钢铁经销商会有较多的应收票据——银行承兑汇票,银行承兑汇票就是企业拥有的可以随时变现的资源。

(2)反映企业短期偿债能力

资产负债表中流动资产与流动负债及报表中相关的附注有助于解释、

评价、预测企业的短期偿债能力,企业的短期偿债能力主要反映在企业的流动性上。

资产流动性是指企业资产转换成现金的时间,它能够反映企业资产及负债接近现金的程度。资产流动性强,即资产极易变现,除现金以外,应收票据中银行承兑汇票变现性极好;其次为应收账款,因为应收账款可以随时办理保理融资;最后是存货,因为存货需要评估价格,然后才可以办理动产融资。

银行通常比较关注企业是否有足够的现金和足够的流动资产及时转换成现款,用以清偿短期内到期的债务。

分析企业短期偿债能力最简单的指标:

货币资金 +应收票据 +应收账款>短期借款+应付票据

(3)反映企业资本结构和长期偿债能力

通过资产负债表,可以反映某一日期负债总额及其结构,表明企业未来需要用多少资产或劳务清偿债务,用以评价与预测企业的长期偿债能力。

企业长期偿债能力一方面取决于资产持续制造现金流的能力,另一方面取决于资本结构。资本结构是指企业权益总额中负债与所有者权益、负债中流动负债与长期负债、所有者权益中投入资本与留存利润等的相对比例。负债与所有者权益相对比例的大小,影响到银行和所有者的相对投资风险以及企业的长期偿债能力。

负债比重越大,债权人所承担的风险越大,所有者所承担风险越小,企业的长期偿债能力越弱。资产负债表可为解释、评价、预测企业的资本结构和长期偿债能力提供基本资料。

(4)分析企业资金承受能力弹性

资金承受能力弹性是指企业在遇到临时的经营困难或者突然需要归还

贷款时，企业应对这种特殊变化的能力，即企业在经营危机中生存下来的能力。

很多企业的资金链绷得很紧，所有资金绝对高效使用，甚至账面不留一分多余的资金，这类企业的资金经营弹性很差。一旦遇到经济下滑或者银根收缩等情况，企业立即陷入经营困局，甚至破产，这在民营企业中经常出现。

大部分国有企业，尤其是政府融资平台不会有财务弹性的忧虑，财政作为最后一道屏障，作为企业资金后备蓄水池。银行为政府融资平台提供融资基本不会有太大的风险，就在于政府有着极强的资金调度能力。

【新产品】

企业应付短期资金周转困难最重要的产品就是法人账户透支业务。

法人账户透支业务是指在企业获得银行授信额度后，银行为企业在约定的账户、约定的限额内以透支的形式提供的短期融资和结算便利的业务。当企业有临时资金需求而存款账户余额不足以对外支付时，法人账户透支为企业提供主动融资便利。与一般流动资金贷款相比，法人账户透支业务的最大特点是简化客户获得银行短期融资的手续，满足客户临时性资金周转的要求；减少企业资金的无效闲置，提高资金使用效率。

【点评】

很多央企由于具备非常高的授信额度，不需要单独备存大量资金，一旦需要资金，向银行提用授信额度即可。对企业而言，可以向银行申请透支额度，以备不时之需。

第一，通过对资产负债表的分析，可以评价企业经营效果。经营业绩主要反映企业的获利能力，获利能力直接影响企业能否达到稳定且逐步增长的赢利水平，能否据此向银行还本付息。衡量企业获利能力的指标主要有投资利润率、资本利润率等。银行客户经理可通过比较资产负债表，将前后两期（或多期）同一报表项目金额加以对比，计算出其变动金额和百分比。

银行可据以分析企业财务状况及变动趋势，预测企业未来的经营前景，有助于做出合理的信贷决策。

第二，通过对资产负债表与利润表有关项目的比较，可以对企业各种资源的利用情况做出评价，如可以考察资产利润率、运用资本报酬率、存货周转率等。

第三，通过将资产负债表与利润表、现金流量表联系起来分析，可以对企业的财务状况和经营成果做出整体评价。

4. 如何理解企业对外投资

企业对外投资主要指企业对外股权投资和企业对外债券投资，这两种投资数额在企业的资产负债表上都有明确反映。企业投资于长期资产数额不应超过企业所有者权益净额，这里的长期资产不仅包括企业长期投资还包括企业固定资产占用资金。

企业对外投资除企业长期投资外还包括企业短期投资。短期投资的变现能力较强，可随时根据需要转换成企业所需的货币资金。

为保持企业财务结构稳定性，一般企业对外长期投资额最好不超过企业净资产数额。

银行对纯粹资本运营型的公司要非常谨慎，这类公司的短期偿债能力较差，追求的是长期资本利得，其更适合采取资本市场融资，而非银行债权融资渠道。这类公司往往利润率惊人，银行为了贷款利率承担如此高的风险，较为不划算。

5. 企业全部资产解读

企业全部资产体现在资产负债表左边，主要包括流动资产、长期股权投资、可供出售金融资产、持有至到期投资、固定资产、无形资产及递延所得税资产等。

资产是企业拥有或控制的，但在实务中，企业并不能任意支配其资产，如货币资金使用有严格的限制条件：应收票据和应收账款收回受付款单位偿还能力及信用水平的影响；长期股权投资应符合投资的相关规定，投资后不能抽回；长期债权投资有一定的投资期限等。

企业资产并非越多越好。世界500强标准最重要的就是营业额，而非资产总额。资产多少并不重要，关键在于必须创造价值，能够带来现金流。

例如，货币资金的流动性最强，但其收益能力弱，持有太多就不能给企业创利。对于现金来说，现金持有量过多，机会成本代价大幅度上升，就不合算。

应收票据和应收账款比例过大，企业的资金周转会受到影响，同时使企业的管理费用上升，坏账增多，企业资产风险增大。

企业的存货需要发生一定的取得成本和储存成本，存货过多则会占用较多资金，影响资金周转，另外，还会导致产品积压，从而影响企业生产的周转。

长期投资由于其期限长、变现能力弱、风险大，因而也不是越多越好。

固定资产过多则占用资金，闲置不用则浪费资产，同时导致折旧费用过高等。

【客户经理营销三字经】

多出门，少窝家。走出去，有钱花。待在家，成废品。

见客户，盯存款。找客户，说说话。磕唠唠，笑哈哈。

人再忙，学产品。酒少喝，贷猛投。票证贷，多组合。

做表外，要存款。做表内，要利润。此两项，要记牢。

6. 资产负债表中货币资金项目反映哪些内容

不能把“货币资金”误认为是“现金”。

资产负债表中“货币资金”项目反映的是企业库存现金、外埠存款、银行存款、银行汇票存款、银行本票存款、信用证保证金存款等的合计数。尤其是包括银行承兑汇票、银行保函和信用证项下的保证金。

在资产负债表资产项目中,货币资金的流动性最强,列在流动资产中的第一项。在分析该项目时可以从以下几个方面着手:

(1)库存现金

库存现金是流动性最强的资产,包括人民币现金和外币现金。企业应当按照现金管理制度,正确进行现金收支的核算,办理有关现金收支业务。

银行存款是指企业存放在银行的货币资金。

> 对银行而言,最重要的就是争取企业的结算存款。一个企业只是在本行办理贷款业务,而没有任何的结算流水,这个企业就不是本行的忠诚客户。

(2)受限制的货币资金

主要包括企业为取得银行汇票,按规定存入银行的银行汇票存款。企业为取得银行本票,按规定存入银行的银行本票存款,以银行承兑汇票、信用证保证金存款等各种货币资金。

如何评估企业货币资金规模是否适当:

为维持企业经营活动正常运转,企业必须持有一定的货币资金。但企业货币资金并不是越多越好,过低的货币资金持有量将严重影响企业正常的经营活动,制约企业发展,进而影响企业的支付能力;而过高的货币资金持有量,则浪费投资机会,还会增加企业的筹资成本。

分析货币资金规模适合性：

首先，应考虑企业筹资能力。如果企业信誉好，在银行有备用额度，企业就没有必要持有大量货币资金。货币资金流动性固然最强，但它的盈利性却很弱。其次，应分析企业货币资金的规模。最后，应考虑企业结算资金流的特点。企业的日常销售现金流和支付现金流最好能够自我匹配，缺口部分通过法人账户透支业务或短期流动资金贷款解决。如果是企业的采购需要，还可以考虑使用银行承兑汇票等。

【重要概念】

保证金是为保证履行某种义务而缴纳的一定数量的资金。在法律对于保证金缺乏明确规范的背景下，探讨保证金的类型，对于备用金类型的保证金、预付款类型的保证金、租赁保证金、装修保证金、定金类型的保证金、保有返还请求权的保证金、无双倍返还效力的保证金分别界定，确定各自的法律效力，十分必要。

7. 如何分析交易性金融资产项目信息

取得交易性金融资产的主要目的是为近期内出售或回购做准备。例如，企业以赚取差价为目的从二级市场购入的债券、股票、基金等。

这部分资产具备非常好的变现性，可以作为偿还贷款的重要补充资源。很多特大型企业参与资本市场的投资，获取短期利益，这类投资的交易型金融资产有着较好的变现性。

很多银行对企业进行短期投资非常反感，其实大可不必，这就如同我们每个人都希望短期买些基金等。企业短期投资与企业的资金实力匹配即可。

8. 如何理解应收票据

应收票据是指企业收到的未到期也未向银行贴现的应收票据，包括商业承兑汇票和银行承兑汇票。已向银行贴现和已背书转让的应收票据不包括在本项目内。其中，已贴现的商业承兑汇票应在会计报表附注中单独披露。

票据可提前向银行贴现或到期向银行兑付，也可背书转让。

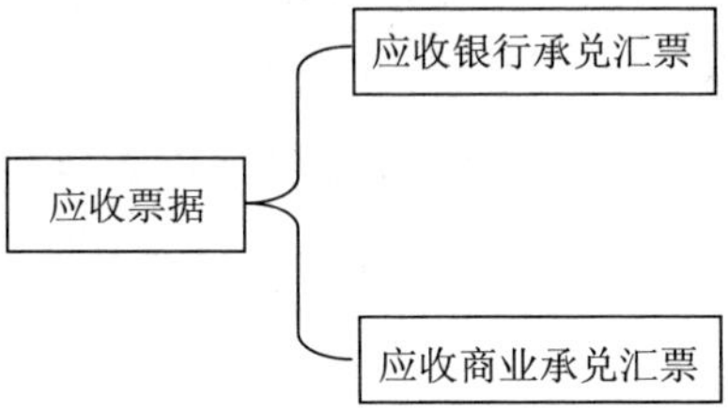

图 1-2 应收票据分类

（1）应收票据贴现

在应收票据到期前，企业如果急需货币资金，可以将有关商业汇票背书，向银行贴现。银行在扣除一部分利息后，向企业支付货币。应注意，应收账款余额中是否已扣除已贴现的应收票据。

有关计算公式如下：

贴现净额＝票据到期价值－票据贴现利息

票据到期价值＝票据面值×（1＋票据利率×票据期限）

票据贴现利息＝票据到期价值×贴现利率×贴现期

（2）应收票据质押

企业可以将收到的商业汇票办理质押，如短票换为长票、大票拆分为小票等。

9. 应收账款的价值

应收账款反映企业因销售商品、产品和提供劳务等而应向购买单位收取各种款项，减去已计提坏账准备后的净额。

应收账款主要表现在赊销商品项目是确定的，信用交易的数量有限，信用资产的回收期比较确定。其作用是通过延长付款期或增加信用资产数量、扩大销售量及通过提高市场占有率和产量,实现规模经济。

银行客户经理应当对应收账款进行分析,帮助企业管好并用好应收账款,提高资金使用效率,帮助企业合理制定信用政策,既促进产品的销售,又不会产生坏账。

主要从以下几个方面对应收账款进行分析:

(1)应收账款质量分析

应收账款的质量是指债权转化为货币需要的时间和损失率。随着商业信用的日益推广,企业的应收账款明显增多,应收账款在资产总额中所占比重日益扩大。应收账款增加一方面意味着公司扩大销售,另一方面也存在着收不回来的可能性,将给公司带来损失。

银行客户经理要结合会计报表附注中的应收账款账龄和计提的坏账进行分析:账龄越长,发生坏账的可能性越大;下游拖欠的买家实力越差,应收账款的质量越差,计提的坏账准备就越多。在做企业有效资产评估时,可以将长期无效应收账款剔除。

①应收账款动态分析

应收账款是赊销业务形成债权,应收账款的增加应导致销售收入的增加,但应收账款的增加应小于销售收入增加的幅度,否则企业就存在大量的赊销,这隐藏着巨大风险。

可以根据应收账款年末与年初的比率同主营业务收入和其他业务收入本期与上期的比率进行对比分析,如果后者增长幅度小于前者,就要分析原因。在实际分析时,还应逐一对客户进行对比分析。

② 对应收账款的分析

影响企业应收账款总额的因素主要包括:

A. 商业模式

是否产生应收账款，与企业所在的行业无关，而是取决于企业的商业模式。例如，同样在家电行业，海尔电器、海信电器、国美电器和苏宁电器，为扩大自己的市场份额，往往采用赊销的方法来促进销售，会产生大量的应收账款。格力电器和美的电器则采取自己直接控制区域总代理商的模式，反而会制造极多的预收账款。反映在资本市场，海尔电器和海信电器的股价远远低于美的电器和格力电器。

客户经理一定要熟悉商业模式，真正决定企业成败的不是产品质量，不是经营管理，而是商业模式。

B. 企业的销售信用政策

应收账款的多少取决于企业的销售信用政策。企业对下游企业采取赊销方式，信用政策包括信用标准、信用限期等。当企业提供的信用限期较长、现金折扣率较高时，企业应收账款方面占用的资金就会增多，反之则减少。

【案例】广东奥飞动漫文化股份有限公司关于与民生银行汕头分行开展交易融资合作的公告

一、银行的运作模式

1. 模式

差额回购+电子汇票

2. 模式定义

此次合作由民生银行汕头分行向公司提供 1 亿元人民币的综合授信额度，银行在额度内向公司所推荐的经销商进行授信，经销商通过银行向公司开具电子银行承兑汇票（期限 3 个月）用以发货，如经销商到期未付完款则由公司进行差额回购。

二、开展交易融资的相关方情况简介

此次开展交易融资合作的三方为：公司、民生银行汕头分行、公司优质经销商（公司承诺开展该业务的经销商均是负债率低于70%的优质经销商）。三方均无关联关系，本次合作为非关联交易。

三、开展交易融资的意义

1. 扶持经销商发展，稳定销售渠道

2. 减轻库存压力，加速资金回笼

公司目前采用信用额度循环使用制度，通过开展交易融资合作经销商获得融资以后，资金用于采购产品，可减轻公司的库存压力，保证现金流稳定，进而有效调整财务结构。

3. 降低财务成本，规范债权债务关系

利用银行承兑汇票进行融资，可以有效降低经销商的融资成本；同时，通过公司、经销商和银行三方签订协议，并追加经销商个人连带责任保证担保，有利于将经销商对公司的负债转化为对银行的负债，增强经销商履行债务的约束力。

四、开展交易融资合作履行的审批程序

本次交易融资合作实质上形成公司对部分供应商的担保行为，除此之外，截至目前，公司不存在对外担保的情况，本次合作履行的相关审批程序如下：

经过公司第二届董事会第八次会议审议通过。

独立董事对该事项发表独立意见，认为，公司通过与银行汕头分行开展交易融资合作，可以进一步规范经销商信用管理，合理支持经销商拓宽融资渠道，符合公司强化销售渠道建设的发展方向，同时优化公司财务结构。公司对开展融资交易合作的经销商资质选择也符合相关规定，不存在违反相关法律法规的情况，不存在损害公司及广大中小股东利益的情况。我们一致同意公司与民生银行汕头分行开展交易融资合作。

广发证券对该事项出具核查意见,保荐机构及保荐代表人陈家茂、伍建筑经核查后认为:

公司通过与银行开展交易融资合作的方式为经销商提供融资支持,是优化产业链的积极举措,有效帮助优质经销商解决资金瓶颈问题,有利于公司迅速扩大市场规模。此外,可减轻公司库存压力,加速资金回笼,进一步降低公司财务成本。

从风险控制的角度来看,公司通过采用经销商、银行和公司三方监管、经销商个人连带责任保证担保以及控制授信额度比例等风险控制措施,较好地控制风险。同时,公司还承诺开展该业务的经销商均是负债率低于70%的优质经销商。

对应收账款周转情况进行分析。可以利用应收账款与利润表中的有关数据计算出企业本期实际应收账款周转率、应收账款周转期指标,其计算公式为

应收账款周转率=销售收入÷平均应收账款×100%

应收账款周转天数=360÷应收账款周转率

再根据本期实际数与前期指标、行业平均数或其他指标相比较,进而判断该指标的高低,判断应收账款的回收能力是否增强,速度是否加快,是否达到行业平均指标等。

分析应收账款周转情况,可以测定企业某特定期间收回其应收账款的能力和速度,即转化为货币资金平均次数。应收账款流动速度越快,企业的短期偿债能力越强,企业管理应收账款效率越高。

(2) 应收账款与相关财务数据的对比分析

① 应收账款与总资产相比

应收账款占总资产的比重大小,反映企业的资产质量、流动资产管理能力、现金保障能力以及企业的持续发展能力。应收账款占总资产比重大或

应收账款增长速度大于总资产增长速度，企业资产质量就会下降，导致企业现金流枯竭，从而影响企业的再融资能力，使公司难以筹集到维持正常的生产经营活动所需的资金，这反过来又会影响企业的经营活动，影响企业的持续发展。

应收账款与主营业务收入相比。应收账款占主营业务收入的比重，反映公司每销售 1 元的产品中有多少是赊销的。

【点评】

很多银行认为企业不应该有过多的应收账款，这是不对的。一个企业如果在销售过程中产生应收账款，只要是在合理账期范围内，就是优质的应收账款。例如，煤炭经销商对电厂销售产生大量的应收账款，就属于正常的应收账款。

②应收账款与营业利润相比

通过比较分析营业利润和应收账款变化情况，可以判断企业的利润质量。

表 1–2　公司利润质量分析

1. 高质量成长	营业利润同比增长，而应收账款下降，表明企业主营业务健康发展，其产品供不应求，或产品赊销量不断下降，以前的赊销款在迅速收回，其销售质量也得到保证
2. 平稳发展	营业利润和应收账款均增长，一是营业利润的增长速度大于应收账款的增长速度，表明企业处于一个较稳定的状况，利润质量可靠，但由于应收账款增加，企业的经营活动隐藏着一些不确定性因素，应收账款不合理增长可能对企业的利润产生不利影响；二是应收账款增长速度大于营业利润增长速度，说明企业的经营出现一些危险现象，应收账款的急剧增加会造成企业成本的增加和销售收现的困难，销售质量下降
3. 陷入困局	营业利润下降，应收账款增加，此时企业的经营活动出现不利情况。利润下降，表明企业主营业务收入下降，其销售质量可靠度不足

③应收账款与经营活动现金流相比

通过应收账款与经营活动现金流量可以了解企业的销售收现能力。若销售收入大幅增长而经营活动产生的现金流量流入增幅不大或没有变化,则表明企业由于赊销商品形成的应收账款不断增加。应收账款的增加,一方面,影响货款回笼速度和资金使用效果;另一方面,使企业的现金流出增加,影响短期偿债能力。赊销最大的问题在于,企业根本没有现金流入,但是由于已经开出发票,必须缴纳增值税和营业税,企业成本会大幅增加。

> 应收账款保理是企业将赊销形成的未到期应收账款在满足一定条件的情况下,转让给商业银行,以获得银行的流动资金支持,加快资金周转。保理可以分为有追索权保理(非买断型)和无追索权保理(买断型)、明保理和暗保理、折扣保理和到期保理。

【案例】长沙市大华纸业有限公司交易链融资授信方案

(一)基本情况

长沙市大华纸业有限公司是一家专业从事纸张批发和销售的公司,注册资本1000万元。经过多年的经营,公司与多家造纸厂和湖南省内出版建立起良好的合作关系。公司主营业务为纸、纸制品、纸浆、造纸设备、化工原料的批发及零售。

公司主要经营铜版纸、书写纸、轻型纸、双胶纸等产品的批发和零售,通过多年的经营发展,已经建立了自己的销售网络和销售模式。主要供货单位有山东晨鸣纸业有限公司、沅江纸业有限责任公司、山东泉林纸业有限公司、岳阳纸业等国内大型造纸生产企业。大华公司与它们建立长期合作关系,成为这些企业的特约经销商。多年来,该公司以价格、品种、质量、品牌等多方面的优势,在湖南省内拥有一批固定大客户群体。如湖南省少年儿童出版社、湖南师范大学出版社、湖南人民出版社、湖南省教育出版社等省内出版社。在省内市场，该公司拥有较为完善的销售商网络，产品畅销全省各地。

(1)上游主要供货商

上游客户名称：东营华泰纸业有限公司、山东晨鸣纸业集团股份有限公司、岳阳纸业股份有限公司、山东华泰纸业股份有限公司、湖南华耀浆纸有限公司。

(2)下游主要客户

下游客户名称：湖南省少年儿童出版社、湖南美术出版社、湖南科技出版社、湖南省教育出版社、湖南文艺出版社、湖南岳麓出版社、湖南天闻新华印刷集团、湖南师范大学出版社、中山新华商务印刷有限公司。

(二)银行方案

申请人：长沙市大华纸业有限公司

质物：印刷用纸(铜版纸、轻型纸、双胶纸、书写纸等)

出质人：长沙市大华纸业有限公司

业务模式：现货质押

授信品种：银行承兑汇票

供货方：山东晨鸣纸业、岳阳纸业、沅江纸业等造纸企业

货权形式：动产

仓库位置：长沙市黄花镇国际空港工业园

监管人：武汉中远物流有限公司

监管模式：输出监管

监管合同及厂、商、银合作协议：标准合同

盯市渠道及取值方法：中华商务网，发票价格与市场价格取孰低

保证金比例：50%

质押率：70%

赎货期:3 个月

赎货方式:合格的应收账款赎货(以湖南省少年儿童出版社、湖南美术出版社、湖南科技出版社、湖南省教育出版社、湖南文艺出版社、湖南岳麓出版社、湖南天闻新华印刷集团、湖南师范大学出版社的合格应收账款操作保理,以保理融资全额封闭银行承兑汇票敞口)。

过程控制:该企业发往指定下游客户质押品时,银行派双人监督该企业的货物交付,由收货人当面签发货物收据。

10. 我们对预付账款的理解

“预付账款”反映企业预付给上游供应商的款项。企业的预付账款,如有确凿证据表明其不符合预付账款性质,或者因供货单位破产、撤销等原因无望再收到所购货物的,应将原计入预付账款的金额转入其他应收款。一旦进入其他应收款,基本等于无望的资产了。

从这方面可以了解企业订货和供货单位供货情况。

预付账款是商业信用的一种形式,它所代表的是企业在将来从供货单位取得材料、物品等的债权。

(1)预付账款上游为强势企业或紧俏物资

例如,煤炭经销商向上游采购煤炭,就会形成大量的预付账款,由于上游供应商(如中国神华集团、中煤能源集团)实力极强,这类预付款的质量极好,苹果经销商向苹果公司订购手机。

(2)预付账款由上游供应商的商业结算模式决定

例如,大型施工企业承接公路项目、造船企业承接船东的订单、大型电力设备制造企业承接电力设备合同的时候,一般都会要求买家支付较大金额的预付款。

11. 企业往来账款项的法律保护时限是多少以及如何规避风险

银行必须清楚客户的企业往来账款的安全程度。

企业在正常经营过程中与其他单位不可避免地会发生往来账,主要包括企业的应收应付账款与企业的应收应付票据。

企业应收应付账款都有相应的证明凭证,其受法律保护的时限也是与相关单位的存续时间相一致的。欠款单位如不破产,其相应债权人的权益会得到很好的保障;若债务人破产,则债权人需在收到债务人通知 1 个月内去相关部门申报债权,并提供相应的证明;如债权人未收到债务人的通知,则以债务人在相关媒体上公布后 3 个月为限,在这 3 个月内,债权人可向指定的部门去申报债权,并提供相应的证明,否则视为自动放弃债权。

企业经常发生的应收应付票据主要是指银行承兑汇票与商业承兑汇票,银行承兑汇票的有效期通常为 1 个月,而商业承兑汇票的有效期通常为 6 个月。有效期即汇票的法律保护期,具体运用时,还需遵照《票据法》实施。

如何规避企业与往来账风险,即尽可能减少企业的坏账。这需要对企业的客户有一定了解,尤其是企业客户信用情况、经营情况,当可能发生不良迹象时,银行应及时采取一定的措施,规避风险。

【点评】

企业的往来账就是一个垃圾桶,可以将与关联公司的资金往来都装进去,这是一个非常危险的指标,银行要高度警惕。

【案例】以煤炭经销商讲解上下游预付款和应收账款

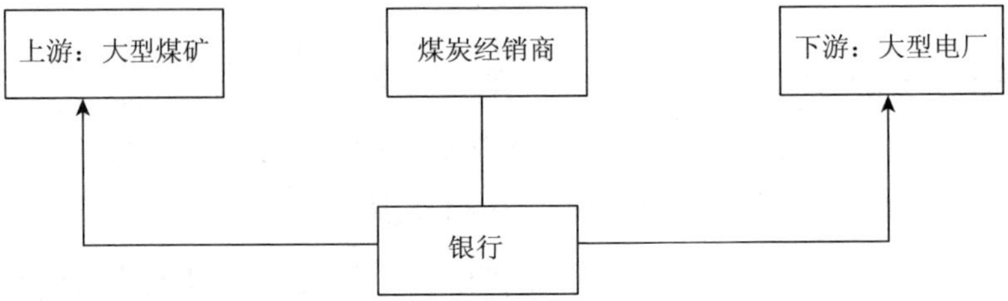

图 1-3 产业链标准流程

对于预付账款,应重点关注以下几点:

(1)有无签订合同的授权审批。

银行必须核实:由于企业的预付账款存在财务风险,也应对公司进行相应的审批控制,在合同中应确定供货日期、品种、数量、等级、质量及滞纳金和罚款的要求。

(2)预付账款的到货及结算情况。

银行必须核实:款项预付后,企业是否根据合同签订的日期收货,并检查到货数量、质量等与合同是否相符,发票及余款的支付是否为原供货单位。

(3)预付账款的利用。

商品的价格会随着有关因素的变化而波动,特别是对常年大量进货的品种,如果预测未来期间行情看涨,可以采取预付货款买断期货方式,从而降低成本,这就需要对未来的市场变化进行充分的分析论证。可根据现行价格及资金成本的因素确定期货的价格。

银行必须落实:企业对上游预付款必须控制风险,上游预付款单位必须是特大型企业,这些特大型企业有一定供货能力,而且这些特大型供货单位本身控制着资源,所以,企业必须向其预付较大金额的预付款。例如,家电行业中的格力电器、美的电器;在煤炭行业中的中国神华集团;钢铁行业中的宝山钢铁集团、山西能源集团、沙钢集团等有大量的预收账款。

【案例】中国中钢集团潜在的财务风险

民企山西中宇占用中钢40亿元资金难以追回,另一家河北民企纵横钢铁集团对中钢的最终欠款将近70亿元。2011年一季度,河北纵横钢铁集团的欠款仍有近60亿元。这意味着,目前这家世界500强企业被其合作伙伴占用资金高达百亿元。“在合作伙伴当中,河北纵横占用中钢资金最多、潜在风险最大,并且由于双方存在很多复杂关联交易,所以有部分占款之前没被审计署查出来。”

国家审计署发布报告称,中钢集团被合作伙伴占用资金88.07亿元。据知情人士透露,审计署披露的中钢财务、投资、管理等问题,仅为中钢内部问题的冰山一角。随着问题被逐步披露,中钢集团的上市计划将无限期延迟,而“中钢模式”的神话亦将终结。这家2003年总资产不到100亿元的钢铁贸易央企,截至2010年总资产已膨胀至超过1800亿元。

垫资百亿

地处渤海之滨的沧州黄骅港,是河北省数十家钢铁企业争相布局的沿海基地。中钢沧州分公司和河北纵横沧州基地,就在一条公路的两边。河北纵横由浙江绍兴人孙纪木创办。据该公司上报给河北省统计部门的财报数据,2010年,河北纵横总资产257.31亿元。中钢集团与河北纵横的合作主要集中在沧州纵横项目。2011年初,由中钢集团垫资、中钢子公司中钢设备承建的沧州纵横高炉三期工程全面投产,至此,沧州纵横板材年产能增至600万吨。据知情人士透露,目前沧州纵横总投资160亿元,中钢集团是主要实际出资人。该基地于2007年初开始筹建,由中钢集团负责原料采购、进货运输、工程总承包及钢材销售。所需资金，主要由中钢集团“垫付”，即沧州纵横对中钢集团的“占款”。

12. 其他应收款项目包括哪些有用的信息

银行客户经理必须注意，对于中小企业，尤其是新接触的中小企业，必须核实其他应收款项目：

第一，保理业务中应收账款账面金额扣减银行支付给企业金额的差额。

第二，应收的各种赔款。如因职工失职造成一定损失而应向该职工收取的赔款，或因企业财产等遭到意外缺失而应向有关保险公司收取的赔款等。

①存出保证金。如租赁包装物暂付的押金。

②应收的各种罚款。

③备用金。如暂付给企业有关部门和个人周转使用的款项等。

④应向职工收取的各种垫付款项。如为职工垫付的水电费及应由职工负担的医药费、房租费等。

其他应收款的内容比较杂乱、金额不大，但可能笔数不少。在对其他应收款项目进行分析时，应注意以下几点：

(1) 定期对其他应收款进行检查

如果其他应收款有迹象表明可能出现财务风险，也应通过账龄预计其可能发生坏账损失，并计提坏账准备，对其中转入的预付账款应按全额提取坏账准备。

(2) 其他应收款期末金额越少越好，特别是员工私人借款

对于生产经营活动正常进行的企业，其他应收款数额不应接近或超过应收账款，其他应收款过高属不正常现象。同时，在实际情况中，由于一些企业内部管理不严，其他应收款长期得不到清理，致使其他应收款金额巨大。为避免企业内部人员流动调出以及避免挪用公款问题而造成资金流

失，企业应及时对备用金进行清理，对出差借款应规定返回单位几天内必须报账。这样可以对借出的备用金及时反馈去向和用途。

(3)检查有无投资人抽逃资金问题

有的股东由于资金比较紧张，或者为逃避债务，经常从企业借出大量资金，如果企业是股份制公司，为保护全体股东利益，有责任说明股东借款情况，至于如何处理，可由董事会或股东大会决定，对此还可能涉及利润分配的比例变化问题。

13. 如何分析企业的存货项目

银行客户经理必须懂得存货的分析项目：

“存货”项目是根据“物资采购”“周转材料”“库存商品”“原材料”“发出商品”“委托加工物资”“生产成本”等合计，减去“代销商品款”“存货跌价准备”科目期末余额后的金额。

存货是企业生产经营过程中不可缺少的物品，是企业进行连续经营得以顺利进行的必要条件。缺少必要的存货，会导致企业正常经营受到影响，经济效益下降；而过多存货，会增加企业资金占用，连同存储费、保管费、保险费、管理人员工资等各项开支上升。

进行存货分析可以了解企业存货的占用总额是否合理，各项存货所占比例是否恰当，对不合理的因素要查明原因，控制存货储备量，降低存货占用额，加速存货的周转。

对存货的具体分析，可以从以下几个方面进行：

(1)了解存货的相关知识

①存货的内容。存货包括以下内容：

A. 在库存货：是指企业生产经营过程中储存，以备出售或为生产和服务所需的多种物品，如库存商品、库存产成品、库存原材料和辅助材料等。

B. 在途存货：是指为出售或供生产或服务过程耗费以外购入的已付款

或已开出商业汇票,但尚在运输途中的各种物品,如在途商品、材料及修理用备件等。

C. 出租存货:是指出租、出借给外单位使用的物品,如出租的包装物、工具用具等。

D. 加工中的存货:是指为出售而尚处于生产加工过程中的物品,如在产品等。

②存货的特点。存货具有以下特点:

A. 存货在流动资产中所占比重最大,占用资金多。

B. 价值一次性全部转移于成本,并在销售收入实现中得到补偿。

C. 在生产经营过程中处于不断耗用、销售、重置之中,流动性较强。

③存货的作用。存货具有以下作用:

A. 适当的存货有利于组织均衡生产。

B. 储备必要的原材料,可保证生产原料供应。

C. 储备必要的产成品,有利于销售。

D. 可防止意外事故的停产损失。

④存货过多带来的不利影响如下:

A. 增加存货,则存货成本增加,包括订货成本和储存成本。

B. 存货占用资金多,市场风险增加,因此,应合理确定存货数量。

(2)存货的会计处理问题

①存货成本的构成。企业存货的取得,主要是通过外购和自制两种途径。

企业无论从何种途径取得存货,凡与取得存货有关的支出,均应计入存货的历史成本或实际成本之中。存货成本包括采购成本、加工成本和其他成本。其中,存货的采购成本一般包括采购价格、运输费、进口关税、其他税金、装卸费、保险费以及其他可直接归属于存货采购的费用。商品流通企业的商品采购成本包括采购价格、进口关税和其他税金等;存货的加工成本包括直接人工以及按照一定方法分配的制造费用。

②存货的计价方法。各种商品的价格是经常波动的,因此,存货计价方法对期末存货价格的确认有较大影响。按现行会计制度,企业发出存货,可以采用先进先出法、加权平均法、移动平均法、个别计价法、后进先出法等方法确定其成本。

上述各种存货发出计价方法各有优缺点,在物价变动时期,不同的计价方法确定的发出存货与期末存货金额也不一样,进而会影响其在报表中的反映,因此企业应根据自身实际情况选择合理的方法对存货发出进行计价,并在报表附注中对所采用的方法做出说明。

存货跌价准备。企业每期都应当重新确定存货的可变现净值,企业在定期检查时,如果发现下列情形之一,应当考虑计提存货跌价准备:

A. 市价持续下跌,并且在可预见的未来无回升的希望。

B. 企业使用该项原材料生产的产品的成本大于产品的销售价格。

C. 企业因产品更新换代,原有库存原材料已不适应新产品的需要,而该原材料的市场价格又低于其账面成本。

D. 因企业所提供的商品或劳务过时或消费者偏好发生改变而使市场的需求发生变化,导致市场价格逐渐下跌。

E. 其他足以证明该项存货实质上已经发生减值的情形。

(3)对存货项目的分析

①存货周转的分析。存货周转率是考核企业存货周转速度快慢的指标,它是通过某特定期间企业存货余额与同期销货成本的比例关系来确定的。存货周转速度越快,说明存货占用的水平越低;流动性越强,存货转换为现金或应收账款的速度越快。

存货周转率分析,主要是在考核企业当期存货周转情况的基础上,将本期与上期或计划的存货周转率相比较,用以反映企业存货管理效益,为今后的存货管理工作提供有用的信息和依据。

②做信贷分析,很重要的一个指标就是存货周转率分析,存货周转率快,银行可以提供短期6个月左右银行承兑汇票融资;存货周转率慢,银行应当提供十二个月左右流动资金。

③对存货品种构成结构分析。在企业生产和销售多种产品的条件下,不同品种的产品的盈利能力、技术状态、市场发展前景以及产品的抗变能力等可能有较大的差异。过分依赖某一种产品或几种产品的企业,极有可能因产品出现问题而使企业全局受到重创。因此,应当对企业存货的品种构成结构进行分析,并关注不同品种的产品的盈利能力、技术状态、市场发展前景以及产品的抗变能力等方面的状况。对存货结构的分析可以借助报表附注中的相关信息。

④存货跌价准备计提是否充分,其披露是否遵循成本与市价孰低法,存货有无相应的所有权证。

【哪些存货有风险】

杭汽轮B:关于深交所2017年报问询函的回复公告

公司报告期计提存货跌价准备6601.28万元,其中,针对内蒙古宏裕项目计提5625.79万元。请你公司:(1)说明内蒙古宏裕项目的主要背景、合同签订的主要内容和履行情况、合同签订以来项目对应的会计处理情况;(2)结合货物具备销售情况、具备收入确认条件、款项实际可收回情况、各年间对减值迹象判断的差异情况等,说明2012—2017年相关减值计提是否充分,是否存在会计差错及其理由。请年审会计师进行核查并发表明确意见。

2017年5月8日的公告中,针对内蒙古宏裕项目计提一事,上市公司披露了这段往事。

杭汽轮B与内蒙古宏裕科技股份有限公司(以下简称宏裕科技)于2012年12月28日签订了相关“供货合同”,约定杭汽轮B向宏裕科技提供原料气压缩机组、合成气压缩机组、氨气压缩机组、二氧化碳压缩机组各一台套,共计 4 台套,合同总价为 7600 万元。

2013 年 1 月,收到合同定金 100 万元,在合同生效后,杭汽轮 B 便开始安排生产,并向该产品配套供应商签订相关配套设备的采购合同。2014 年 3—9 月,相关压缩机组陆续完工。

不过,宏裕科技并没有按照合同约定支付发货款,导致杭汽轮 B 的该项目暂停。2016 年,宏裕科技又出具盖章回函说明,确认项目可以在 2017 年恢复。然而,宏裕科技此后仍未履约支付合同约定的发货款。在此情况下,杭汽轮 B 讨论分析了行业状况、政策状况、客户和项目现状等因素后,确定项目已无法恢复,决定终止项目。

该项目终止给杭汽轮 B 带来巨大损失。公司因实施宏裕科技项目归集结转的产品成本为 9554.07 万元。2015—2016 年,公司按照项目累计成本高于可变现净值的差额计提存货跌价准备 3058.28 万元;2017 年度,公司再度计提存货跌价准备 5625.79 万元。

分析:通过本案例可以清晰地看出,存货其实有巨大风险。本案例中,杭汽轮 B 应当坚持合同方——宏裕科技必须提供银行履约保函,在收到履约保函后,再确保项目开工,就不会产生如此大的损失。

【案例】广州福田能源有限公司货押业务方案

一、企业基本情况

广州福田能源有限公司注册资金 2.1 亿元,公司存货周转天数 30.94 天,应收账款周转天数 68.93 天,应付周转天数 25.11 天。由于焦炭供不应求,存货周转天数有适当下降,公司的销售主要为款至发货,或对老客户货到即付款政策,其应收账款回笼天数不断下降。随着公司的经营逐步正常,公司生产的提升,其与上游供煤企业及运输公司的结算也随之适当延长。

二、银行授信方案

申请人:广州福田能源有限公司

质物:精煤、焦炭

出质人:广州福田能源有限公司

业务模式:现货质押

质押模式:动态质押

授信品种:银行承兑汇票、可串用进口开证及进口押汇、国内信用证开证

授信额度:拟授信额度18000万元,敞口12600万元。根据公司近两年合作所保持的日常最低库存12000万元以及在途洗精煤6000万元而设定。

赎货期:如授信品种使用为银票/国内证,赎货期为银票或国内证[卖方议付到期日前一个月];如授信品种使用为进口开证及进口押汇,赎货期为押汇到期日前一个月。

货权形式:动产质押

仓库位置:罗源湾开发区金港工业区公司厂区内

监管人:中远国际货运有限公司

监管模式:输出监管

监管合同及厂、商、银合作协议:《动产质押监管协议》

盯市渠道及取值方法:银行货押中心人员每日根据中华商务网、总行提供的盯市价格中的最低价格取值。其中焦炭按市场价格,精煤按焦炭价格2/3取价,进口精煤亦可按进口价格+进口关税+进口环节发生的费用定价,但无论如何,总体取孰低者定价。日常,根据其监控质押物的价格变动情况,及时调整价格,尤其是价格下跌时。

保证金比例:国内银承/国内证保证金比例为30%,开立国际证保

证金比例为20%。敞口不超过12600万元。

质押率:70%

赎货期:授信品种到期前1个月

回购/担保安排:

三、货押业务方案流程描述

由该公司自身所拥有的洗精煤、焦炭作质押,给予货押项下18000万元授信,具体品种为银行承兑汇票,开立银承30%保证金,期限不超过6个月。可串国内、国际信用证及信用证押汇,进口开证保证金20%,引进中远国际货运有限公司进行24小时监管。

具体业务流程如下:

此次货押监管除原在库现货质押监管外,新增在途货押监管,监管机构为中远国际货运有限公司,中远国际货运有限公司对公司实施总理控制监管模式。具体操作如下:

(1)监管库存。

该库存与银行的授信额度相匹配,处于监管之下,未经银行解押禁止出库。

库存警戒线:该警戒线为监管库存的110%,当实际库存量接近或低于警戒线,及库存量出现大幅波动时,需立即知会公司、银行货押监管中心及经办客户经理;在不低于监管库存的情况下,该库存可以出库。

自由库存:该库存高于库存警戒线,在中货知情的情况下,可以自由出库。

(2)质物场地确认。

中远国际货运有限公司以公司存放在指定存储位置的货物和中货承运的存途货物为质押货物。

监管场地一:公司位于罗源湾开发区的工厂,公司需要与中远国际货运有限公司签署《仓库租赁合同》,将其位于长乐的工厂指定监管区域租赁给中远国际货运有限公司。

监管场地二(中远水陆仓):公司交给中远国际货运有限公司承运的所有符合银行要求的货物都可作为质押货物。

(3)中远国际货运有限公司监管组架构。

监管项目组长:负责收集所有监管点的报表,审核合并后报银行;根据银行指示和库存情况制作质物清单。

公司仓库监管员:负责监管场地以上的质物。

水陆仓操作员:负责统计在途质物的数量,及时向监管项目组长发送在途质物日报。

(4)质押物数量确认。

A. 银行出具《查询及出质通知书》给中远国际货运有限公司。

B. 公司出具货物库存清单,同时提交质量合格等检验报告。

C. 中远国际货运有限公司以公司出具的货物库存清单为参考依据,对货物进行盘点。

D. 中远国际货运有限公司出具《质物清单》《查询及出质通知书(回执)》,提交银行。

E. 银行依据《质物清单》确定质押物价值,完成初次放款工作,并出具《质物最低价值通知书》《质物价格确定/调整通知书》给中远国际货运有限公司。

(5)质物水上运输操作流程。

A. 装船操作。

发货码头:日照港、丹东港、连云港、前湾港、天津港、镇江港等。

货物运量:公司预计每年150万吨洗精煤,平均每月运量12万吨。

船型要求:7000~20000吨散货船。

海运货物装船出质:公司向中远国际货运有限公司水陆仓操作员

发出书面订舱委托。水陆仓操作员根据公司的委托内容安排装船计划。装船结束后船长签发装船清单并传真给中远国际货运有限公司水陆仓操作员，原件寄给中远国际货运有限公司存档。中远国际货运有限公司与公司签字确认《质物入库出质交接文书》，船上的货物纳入监管，出质给银行。

B. 卸船操作。

卸船后船长签发卸船清单并传真给中远国际货运有限公司水陆仓操作员，原件寄给中远国际货运有限公司存档。

中远国际货运有限公司负责委派运输车队将船上的质物接卸至公司工厂内的监管点，进入公司工厂内监管点的煤炭继续质押给银行，作为现货质押。

正常情况下，中远国际货运有限公司委派的运输车队应将质物直接接船至公司工厂，如因特殊原因需要将质物滞留在码头内，对滞留在码头内的质物，中远国际货运有限公司应办理质物出库解押手续，签字确认《质物出库解押交接文书》。如果质物的解押导致质押给银行的质物总价值低于冻结线，公司应及时还款或补货。

C. 每日盘存。

监管项目组长每日整理公司的在库质物和存途质物数量，填制质物清单，定时向银行发送质物库存日报。

(6)保险。

此次对在库的焦炭、精煤均采取动态监管（在库监管时，要求中远国际货运有限公司或公司对存库的监管标的物办理财产综合保险及盗窃附加险，保险条款要包括货物自燃险）；对在途监管标的物办理货运险。银行为第一受益人。

(7)计价及质押率。

对企业库存焦炭按实际吨数计价，精煤以 1.5 : 1 折算成焦炭，比焦化行业实际精煤折焦炭提高7%，按照以上的测算情况分析，银行在不考虑70%的质押率的情况下实际质押率已是货值的93%，如在此基础上再核定质押率70%，则最终实际质押率达到65.1%。

在质物监管期间，采取动态模式，保证银行总授信敞口÷企业质物（焦炭+精煤）的库存总值比率不高于70%。

（8）日常核查库。

日常货押中心不定期查库，经营单位查库原则上不低于一个月一次，每次查库时取样（包括焦炭与精煤）送到相关检验机关（如福建省冶金产品质量监督检验站）送检。主要检查灰分、挥发分、含硫量等指标。

（9）提货。

企业存入提货保证金，向银行出具《提货申请书》，银行货押中心人员核实保证金到位的情况下出具《出库通知书》给中远国际货运有限公司，准于出货。

四、本次业务基础交易背景

五、质押货物情况

（一）货物描述

公司库存货物为焦炭、精煤，均为水上运输及厂内自有仓库，质押货物明细：

折算表

焦炭价格（元/吨）：2100.00

备注：精煤折算焦炭按照1.5：1计算。

目前价格：2100元/吨（福建省二级焦炭）

六、监管人：中远国际货运有限公司

七、监管库情况

中货以公司存放在指定存储位置的货物和中货承运的存途货物为质押

货物。

（一）静态监管场地：广州福田能源公司仓库

1. 仓库类型：半封闭堆场。

2. 仓库位置：罗源县罗源湾开发区金港工业区。

3. 库容（仓储面积）：占地面积50亩。

4. 经营资质：良好。

5. 所有权人：仓库所有权人属于广州福田能源有限公司。由其与中远物流共同签订质物仓储监管合作协议，作为中远物流的监管场地。

6. 仓库分析：仓库位于福州罗源湾开发区金港工业区。南临德胜镍业，北临山头，东临三金钢铁厂，最大可存贮20万吨精煤。

（二）动态监管场地（中远水陆仓）：公司交给中远承运的所有符合银行要求的货物都可作为质押货物。

八、风险点及控制措施

1. 货物控制：引入中远物流运进行监管，申请人提货需由银行出具提货通知书，通过控制公司的物流进而控制资金流。

2. 质量控制：在装货港堆场由国家认可的有资质的检验部门出具品质证明，到德胜场地将会由德胜煤炭检验办公室或送国家认可的有资质的检验部门检验，后出具品质鉴定。

3. 其他管理措施：为防范风险，实现银行效益最大化。（1）设定跌价补偿制度，即若在授信期内焦炭跌价幅度超过10%，则要求申请人必须补足精煤或相应金额的保证金；（2）对赎货期进行控制，即制定赎货期限为具体授信品种到期前一个月，若申请人未能全部赎货，银行即可要求申请人补充保证金；（3）严格按照总行制定的货押管理办法执行。

九、收益分析

银行承兑汇票手续费收入：每5个月完成一个购销周转流程，假定给予 18000 万元的银承额度,30%的保证金,风险敞口 12600 万元,18000 万元银承可周转 3 次,可实现手续费收入 54000 万元×0.05%=27 万元。

如进口焦煤,则可用银行国际信用证产品,将会有国业结算量、国业手续费(开证手续费、购汇项下的汇兑收益)及进口开证押汇利息收入。预计可带来日均存款 10000 万元,最高时点存款 18000 万元。

客户经理箴言

人品以正直为贵,心地以善良为贵。

情感以真挚为贵,性格以坚韧为贵。

待人以诚恳为贵,处世以谦让为贵。

学问以通达为贵,技艺以专精为贵。

言语以简明为贵,行动以稳健为贵。

存款以授信为贵,利润以贷款为贵。

做人以信仰为贵,做事以尽心为贵。

14. 如何分析可供出售金融资产包括哪些资产

银行客户经理要懂得分析可供出售金融资产,可供出售金融资产是指初始确认时即被指定为可供出售的非衍生金融资产,以及除下列各类资产以外的金融资产:

①应收款项。

②持有至到期投资。

③以公允价值计量且其变动计入当期损益的金融资产。例如,企业购入的在活跃市场上有报价的股票、债券和基金等,没有划分为以公允价值计量且其变动计入当期损益的金融资产或持有至到期投资等金融资产的,可

归为可供出售金融资产。

可供出售金融资产的账务处理分为取得时、持有期间和处置时 3 个环节。

(1)取得时

可供出售金融资产应当按取得该金融资产的公允价值和相关交易费用之和作为初始确认金额。支付的价款中包含已宣告发放的债券利息或现金股利的,应单独确认为应收项目。

(2)持有期间

①可供出售金融资产持有期间取得的利息或现金股利,应当计入投资收益。

②资产负债表日,可供出售金融资产应当以公允价值计量,且公允价值变动计入资本公积(其他资本公积)。

③资产负债表日,公司应对持有的可供出售金融资产进行检查,有客观证据表明该金融资产发生减值的,应当确认减值损失,计提减值准备。分析判断可供出售金融资产是否发生减值,应当注重该金融资产公允价值是否持续下降。如果可供出售金融资产的公允价值发生较大幅度下降,或在综合考虑各种相关因素后,预期这种下降趋势属于非暂时性的,能够认定其可供出售金融资产已发生减值,应当确认为减值损失。

(3)处置时

处置可供出售金融资产时,应按取得价款与原直接计入所有者权益的公允价值变动累计额对应处置部分的金额,与该金融资产账面价值之间的差额,确认为投资收益。

15. 如何分析长期应收款项目

长期应收款指企业融资租赁产生应收款项和采用递延方式分期收款、实质上具有融资性质销售商品和提供劳务等经营活动产生的应收款项。

这些指标通常都是租赁公司(如民生金融租赁有限公司、建信金融租赁有限公司、远东租赁有限责任公司)或从事工程机械设备制造的企业(如湖南中联重科股份有限公司、湖南三一重工股份有限公司)等具备的。

长期应收款主要涉及以下业务:

①出租人融资租赁产生的应收租赁款,在租赁期开始日,应按租赁开始日最低租赁收款额与初始直接费用之和。

②采用递延方式分期收款销售商品或提供劳务等经营活动产生的长期应收款,满足收入确认条件的,按应收的合同或协议价款。

【点评】

大型电力设备销售、大型船舶销售等,由于设备单体金额较大,多采取分期销售回款的方式,会产生较大金额的长期应收款,如东方电气设备集团、哈尔滨电站设备集团、上海电气集团。

租赁公司在报表中会有大量的长期应收款。长期应收款并不是越少越好,完全取决于企业自身的经营行业属性,有些公司天然就有大量的长期应收款,非常正常。

16. 转让应收账款财税处理

很多银行客户经理对企业转让应收账款后,企业的报表如何处理疑问较多。其实,应收账款无追索权的转让,应收账款从企业报表中扣减;应收账款有追索权的转让,仅是一种融资行为,应收账款不能从企业报表中扣减。

应收账款转让的会计规定:应收账款作为金融资产,根据《企业会计准则讲解》(2010)关于金融资产转移的规定,金融资产转移满足下列条件的,企业应当终止确认该金融资产:①企业已将金融资产所有权上几乎所有的风险和报酬转移给了转入方的;②企业既没有转移也没有保留金融资产所有权上几乎所有的风险和报酬,但放弃了对该金融资产控制的。

企业将金融资产所有权上几乎所有风险和报酬转移给了转入方,应当终止确认相关金融资产:①企业以不附追索权方式出售金融资产;②企业将金融资产出售,同时与买入方签订协议,在约定期限结束时按当日该金融资产的公允价值回购;③企业将金融资产出售,同时与买入方签订看跌期权合约(即买入方有权将该金融资产返售给企业),但从合约条款判断,该看跌期权是一项重大价外期权(即期权合约的条款设计,使得金融资产的买方到期行权的可能降至最低)。

企业保留金融资产所有权上几乎所有风险和报酬,不应当终止确认相关金融资产:

①企业采用附追索权方式出售金融资产。

②企业将金融资产出售,同时与买入方签订协议,在约定期限结束时按固定价格将该金融资产回购。

17. 如何看懂长期股权投资

企业持有长期股权投资是一个经常出现的科目,客户经理必须熟悉这个科目的学习和掌握。

企业进行长期股权投资是为保证长期的公司发展和资本性投资,我们要分析企业进行长期股权投资究竟是为了支持企业长期发展,还是纯粹为了短期增值收益。

企业应采用成本法核算长期股权投资的情况包括,投资企业能够对被投资单位实施控制的长期股权投资,即对子公司的投资采用成本法核算;投资企业对被投资单位不具有共同控制或重大影响,并且在活跃市场中没有报价、公允价值不能被可靠计量的长期股权投资,应采用成本法核算。

【案例】

世纪金源投资集团有限公司持有北京银行11025万股股权,价值在

10亿元以上。如果世纪金源投资集团有限公司需要变现,可以随时将股权质押给另一家银行,申请变现。最简单的方式,股权质押,获得授信额度,用于签发银行承兑汇票,基本属于无成本的变现。

18. 如何分析长期股权投资

长期股权投资作为企业一项重要的投资活动,是企业为应对长远发展所进行的战略布局。

(1)长期股权投资初始计量原则

第一,长期股权投资的核算范围。

长期股权投资核算的范围包括:

①企业持有的能够对被投资单位实施控制的权益性投资,即对子公司投资。

②企业持有的能够与其他合营方一同对被投资单位实施共同控制的权益性投资,即对合营企业的投资。

第二,长期股权投资初始计量原则。

长期股权投资初始计量原则,即长期股权投资按初始投资成本计量。

(2)企业控股合并形成的长期股权投资反映的会计信息

①同一控制下的企业合并形成的长期股权投资。

合并成本=被合并企业账面所有者权益×投资比例

同一控制下企业合并,合并方以支付现金、转让非现金资产或承担债务方式作为合并对价的,应当在合并日按照取得被合并方所有者权益账面价值的份额作为长期股权投资的初始投资成本。长期股权投资初始投资成本与支付的现金、转让的非现金资产以及所承担债务账面价值之间的差额,应当调整资本公积;资本公积(资本溢价或股本溢价)不足冲减的,调整留存收益。

②非同一控制下的企业合并形成的长期股权投资。

非同一控制下的企业合并，购买方在购买日应当区别下列情况确定合并成本，并将其作为长期股权投资的初始投资成本。

合并成本=公允价值+相关费用

一次交换交易实现的企业合并，合并成本为购买方在购买日为取得对被购买方的控制权而付出的资产、发生或承担的负债以及发行的权益性证券的公允价值。

无论是同一控制下的企业合并还是非同一控制下的企业合并形成的长期股权投资，实际支付的价款或对价中包含的已宣告但尚未发放的现金股利或利润，应作为应收项目处理。

【点评】

银行的本质就是在经营信用，吸收存款和发放贷款、销售理财都是经营信用。吸收存款是让别人相信你，存钱给你不会取不出来；发放贷款是你去相信别人，借了会还；销售理财是别人相信你会打理好资金，不会辜负他们的信任。很多银行经营理财亏损，辜负了别人的信任。失去信任是最可怕的，所以银行要非常谨慎，要重视自己的商业信用。

19. 如何区分哪些是有价值固定资产

大部分银行喜欢固定资产量较大的企业，其实这不准确，不是固定资产量越大，企业越安全，企业的安全与固定资产无关，而与资产质量有关。

有些中小型煤炭贸易商，本身上下游合作伙伴质量极好，这类公司持有的固定资产极少，而存货和应收账款质量极好，这类企业就非常值得银行投放贷款。

在制造业企业中，固定资产占企业资产比重很大。固定资产方面的会计信息，对于分析企业经营规模、生产能力、技术进步程度都有重要的作用。

固定资产主要包括使用期限超过一年的房屋、建筑物、机器、机械、运输工具以及其他与生产、经营有关的设备、器具、工具等。根据现行会计制度的规定,不属于生产经营主要设备的物品单位价值在2000元以上,并且使用年限超过2年的,也应当作为固定资产。

固定资产是企业之间经营活动的重要生产资料,它反映企业的基本生产能力和生产规模,是企业的重要资产项目之一。

资产负债表中"固定资产原价"项目反映的是固定资产取得时的历史成本,包括企业为购建某项固定资产并使之达到预计可使用状态之前所发生的一切合理的、必要的支出;还包括直接发生的支出,如支付固定资产价款、运杂费、安装成本等;也包括间接发生的支出,如应予以资本化的与固定资产购建有关的借款利息、汇兑损益等。

例如,某钢与高炉设备为固定资产:

高炉固定资产价值10000万,其中购置原值8000万,贷款利息1000万,安装费1000万。

20. 企业固定资产越多越安全吗

固定资产是企业重要的资产,企业的固定资产金额比较大,使用的年限也比较长。在实企业记账管理,对于全面了解企业的固定资产这种大数额的资产来说还是不太全面与充分的。如仅有某一时点企业的固定资产的存量金额,并不能反映出企业固定资产到目前为止的实际使用状况与磨损的真实程度。

要了解这些与企业固定资产相关的非财务方面信息,还需要相关的部门对企业的固定资产进行更详细的分析,如固定资产本身产生现金流的能力、固定资产的折旧等。

例如,在高速公路上市公司中,固定资产是最主要的资产,会给企业带来源源不断的现金流。

在资本市场,银行客户经理通常更喜欢轻资产的公司,如腾讯科技有限公司(QQ 经营公司)、新东方英语培训机构等,这类公司往往有较高的估值。而重资产公司,如石油公司、钢铁公司通常估值极低。而银行更喜欢重资产的公司,认为这类公司有着较好的风险抵御能力。

一个企业如果有大量的固定资产,银行就可以向其营销固定资产融资租赁业务,将固定资产出售给租赁公司,然后租回。

【案例】博汇纸业融资 4 亿元

所谓售后融资租赁,是指卖主(即承租人)将一项自制或外购的资产出售后,又将该项资产从买主处租回。在售后融资租赁中,资产的原所有者在保留对资产使用权的前提下,将固定资产转化为货币资本,满足融资需求。

博汇纸业 2014 年 6 月 26 日晚称,为补充公司正常流动资金需求及偿还银行债务,降低公司财务费用,公司拟以年产 35 万吨高档包装纸板生产线部分生产设备与英大国际信托开展售后融资租赁业务,本次计划融资总额为人民币 4 亿元,最长期限不超过 4 年。

江苏阳光 2014 年 7 月 19 日公告称,公司及子公司拟向中国外贸金融租赁进行 5 亿元的售后融资租赁。其中,江苏阳光将其部分自有机器设备以售后回租方式向中国外贸金融租赁融资 3 亿元。江苏阳光控股子公司江苏阳光新桥热电有限公司、江苏阳光璜塘热电有限公司各将其部分自有机器设备以售后回租方式向中国外贸金融租赁有限公司分别融资 1 亿元。

2014 年 8 月 30 日,又有两家上市公司公告相关售后融资租赁业务。其中,云天化(600096 估值,测评,行情,资讯,主力买卖)控股子公司呼伦贝尔金新化工将合成氨及尿素生产设备出售给兴业金融租赁有限公司和中国外贸金融租赁有限公司,分别融资5.5亿元和2亿元;龙建股份全资子公司黑龙江省龙建路桥第四工程有限公司为满足印度工程项目需要,将原值2202.57万元的24台(套)施工设备向远东国际租赁有限公司售后租赁,融资2200万元。

双良节能公告称,与交银租赁签署相关融资租赁合同,将公司控股子公司江苏利士德化工的一期年产21万吨苯乙烯生产装置以及部分相关设备按账面净值出售给交银租赁并租回使用,融资金额为3.65亿元。

21. 如何分析企业的累计折旧

银行客户经理都懂得企业的累计折旧策略,企业持有固定资产必然面临折旧,企业的固定资产消耗,不断产生现金流,生产资料价值逐渐下降,企业必须不断补充新的固定资产,或者对固定资产进行维修,对固定资产进行翻新。

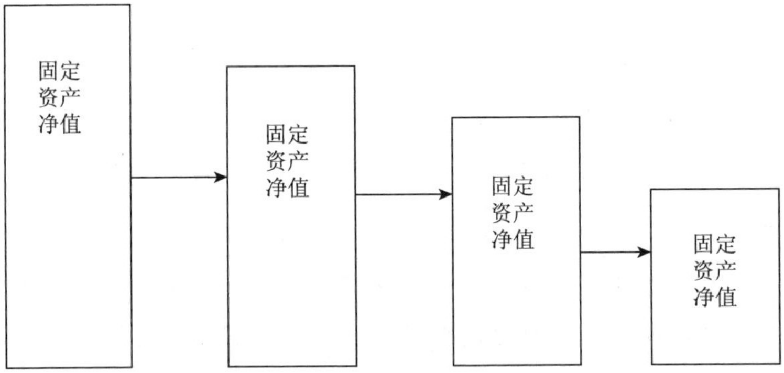

图1-4 固定资产消耗示意

随着不断提取折旧,企业的固定资产净值不断下降。

固定资产是企业购置的重要资源,购置的目的就是为了产生不断的现金流,固定资产不断使用的过程,也是固定资产不断转化为现金流的过程,在最后：

固定资产残值 +产生的累计现金流=固定资产购入价值

固定资产的特点是可以连续、多次参加生产过程，仍保持原有的实物形态，但由于长期使用，必然发生损耗，并逐渐减少它的价值。

“累计折旧”科目是用来核算固定资产已损耗的价值，并据以调整固定资产原始价值的科目。折旧不产生现金流，折旧仅是为银行正确地评估企业资产消耗，尤其是对大型制造类企业、工业企业、运输企业等，要进行折旧分析。例如，大型航空公司购买的飞机、大型船运公司购买的船只、大型发电企业建造的电站设备等，都会存在随着使用年限推移，资产价值不断下降的问题。

就如同人类，随着年龄的增长，一定会出现智力、体力等能力下降，价值下降的问题，这就是典型的折旧。

(1)固定资产折旧的性质

随着固定资产的及设备长期使用，其不断受到损耗。固定资产及设备损耗分为有形损耗和无形损耗两种。有形损耗是显而易见的，如机械磨损和自然条件的侵蚀等。无形损耗有时比有形损耗更为重要，对计算折旧的影响更大。

折旧也是一种费用，只不过这一费用没有在计提期间付出实实在在的货币资金，但这种费用是已经发生的支出，而这种支出收益在资产投入使用后的有效使用期内体现，无论是从权责发生制的原则，还是从收入与费用配比原则来讲，计提折旧都是必需的。

不提折旧或不正确地计提折旧，都将对企业计算产品成本(或营业成本)、计算损益产生重大影响。很多企业为当期做出利润，故意不提或少提折旧，这是一个危险的信号。

【点评】企业折旧造假的多种方法

①随意改变折旧方法,调节折旧计提数额。

企业固定资产折旧方法一般采用平均年限法。可采用"年数总和法"和"双倍余额递减法"等快速折旧法。但有的企业为调整成本利润,便随意改变固定资产的折旧方法。

例如,某企业购入某项固定资产,原值 15 万元,12 月已提折旧 15000 元,到第三年未经财政部门批准,企业改用双倍余额递减法提折旧,多提折旧 15000 元。

②随意改变折旧率,调节成本利润。

固定资产折旧率一经确定,便不能随意改变。但有的企业为调节某年度的利润随意变更固定资产折旧率,多计或少提折旧。

如:企业为贷款需要有所盈余,企业未经主管财政部门批准就擅自降低折旧率,由原来的 8%改为 5%,少提折旧 12 万元,虚增利润,使得企业有些微利。

③增加固定资产,不提折旧。

财务制度规定,当月增加的固定资产在下月初开始计提折旧。有的企业为调增利润,将应计提的折旧有意漏提。

例如,某在建工程完工后,已交付使用,应及时办理竣工决算,从交付使用的下月初起计提折旧,但企业为调增利润,有意漏提折旧,如职工宿舍 5 月交付使用,但直到年底才办理竣工决算,少计提 6 个月的折旧。

④未使用固定资产(除房屋、建筑物外)不提取折旧。

按财务制度规定,对除土地及已提足折旧仍继续使用的固定资产外的未使用固定资产计提折旧,但有的企业为调节利润,对该提折旧的固定资产不提折旧。

⑤停用的固定资产,当月计提折旧。

企业为虚增盈利,压缩成本费用的支出,对当月停用或减少的固定资产,不计提折旧。

例如,企业为报表上稍有盈余,对当月内停用的机器一律不计提折旧,从而使企业账面上反映出盈利。

⑥当月不应提折旧的,当月计提折旧。

企业为调节成本、利润,常常违规对固定资产进行折旧,例如,当月新增固定资产折旧本应下月初提折旧,而当月计提折旧;提前报废的固定资产报废后不再计提折旧,而仍在计提,超龄固定资产有效期满不再计提折旧,仍在计提。

例如,企业为降低利润,3 月投入使用的固定资产当月即计提折旧 13 万元。

这类企业一般都是为了少交税款,对银行的影响不大。

⑦变卖固定资产,仍然提取折旧。

某企业 5 月将不需用的设备卖掉,卖掉后又提 12 个月的折旧 35000 元,虚增成本,虚减利润。这类企业一般都是为了少交税款,对银行的影响不大。

对以上固定资产项目进行充分的关注与查验,有助于我们识别企业在固定资产项目中的会计造假行为,防患于未然。

企业一般应当按月提取折旧,当月增加的固定资产,当月不提折旧,从下月起计提折旧;当月减少的固定资产,当月照提折旧,从下月起不提折旧。固定资产提足折旧后,不管能否继续使用,均不再提取折旧;提前报废的固定资产,也不再补提折旧。

(2)固定资产的折旧方法

①平均折旧法。采用这种方法计算的每期折旧额均是相等的,其计算公式为:

年折旧额=（固定资产原值-固定资产净残值）÷预计折旧年限

固定资产月折旧额=固定资产年折旧额÷12

式中：　　固定资产净残值=固定资产原值×预计净残值率

采用平均折旧法计算固定资产虽然比较简便，但它也存在一定的局限性。首先，固定资产在不同使用年限提供的经济效益是不同的，而平均年没有考虑这一事实，显然是不合理的。其次，固定资产在不同的使用年限发生的维修费用也不一样，固定资产的维修费用将随着其使用时间的延长而不断增大，而年限平均法也没有考虑这一因素。

②加速折旧法。加速折旧法的特点是在固定资产有效使用年限的前期多提折旧，后期则少提折旧，从而相对加快折旧的速度，以使固定资产成本在有效使用年限中加快得到补偿。加速折旧的计提方法有多种，常用的有以下两种：

表 1-3　固定资产折旧方法

类别 / 折旧法	固定资产类别
平均折旧法	煤炭、钢铁、石油、烟草、电力设备
加速折旧法	手机生产设备、电子生产设备、通信设备、汽车生产线

【点评】

企业有权选择具体的折旧方法和折旧年限，在开始实行年度前报主管财政机关备案；折旧方法一经选择，不得随意变更。如果需要变更，必须在变更年度以前，由企业提出申请，报主管财政机关批准。

另外，企业应当定期对固定资产的使用寿命进行复核。如果固定资产使用寿命的预期数与原先的估计数有重大差异，则应当相应调整固定资产折旧年限。

固定资产较大的公司必须执行严格的折旧政策，机器的折旧就如同我们每个人一样，会慢慢变老，人随年龄的增长，反应能力会逐渐下降。机器也随着时间的推移，使用能力会逐渐下降。

很多公司在造假的时候，都是该计提折旧不计提折旧，而故意增加企业的利润。

【案例】上市公司常见造假的十招

销售造假四招

招数一：销售给控股股东和非控股子公司。

上市公司将产品销售给控股股东和非控股子公司，因无须合并报表，因而不必以对外的销售作为最终的销售实现。对于上市公司而言，销售收入会因此增加，同时应收账款和利润亦会增加；而对于控股股东和非控股子公司来说，则是应付账款和存货的增加。总体而言，并未对外实现销售，但上市公司自身已合法地实现销售。这种制造利润的手段很难持续，而且应收账款的潜在坏账损失风险较大。

招数二：上市公司溢价采购控股子公司产品及劳务形成固定资产。

如果上市公司溢价采购控股子公司产品及劳务形成固定资产，则一方面，该类交易无须披露；另一方面，上市公司采购后形成固定资产，则子公司的销售可确认实现。由此，子公司的收益可确认为当期合并报表利润，而上市公司的固定资产虽定价过高，但因其折旧分多年提取，因而当期利润增加因素远高于因折旧增加而导致的利润减少因素。

招数三：在不同控股程度子公司间安排销售。

在同时拥有几家不同控股程度的子公司且均经营同一业务的情况下，上市公司可在不同控股程度的子公司之间分配订单以达到调节利润的目的。如果上市公司想增加利润，可将订单全部或大部分交由本部工厂或控股程度较高的子公司生产，降低少数股东损益；反之，则是将订单大部分交由控股程度较低的子公司生产，提高少数股东收益，如少数股东为上市公司的控股股东,则控股股东所获收益因此增加。

招数四:变更销售收入确认方式。

有一类上市公司,它们并非销售单一产品,而是销售整个系统,需要实施、安装与服务,销售过程持续时间长,因而收入并非一次实现。特别是对于跨年度实现的销售,需要在年度间分配利润。一般企业根据销售的不同阶段划分收入实现比率,而该类比率的变化,无疑会影响到当期盈利。如果当年接获的订单很多,而公司如提高开始阶段收入实现比率,则当期利润增加。

招数五:利息费用资本化。

上市公司与控股股东以及非控股子公司之间存在大量的资金往来,一般而言,上市公司可通过资本市场筹集资金,资金较为充裕,因此控股股东占用上市公司资金的情况较为普遍。对于占用的资金,有的上市公司不收取资金占用费;对于收取资金占用费的上市公司,其收取的费用比率又有区别。如果上市公司与其关联方之间资金占用费用巨大,则收取的利息费用对当期利润影响巨大。此外,利息费用的资本化也常被用来作为降低费用和提高利润的手段。

招数六:不同成本费用项目之间的分类变化。

虽然企业财务会计制度对成本以及各项费用有较为明确的划分,但有些项目的归类仍有一定的弹性。如销售折扣,有的上市公司将其单列为一项目,而有的上市公司将其归入销售费用,作为给分销或零售商的销售佣金。该种归类的变化会导致费用比率非经常性的波动。此外,在销售费用和管理费用之间,也有一些归类上的差异,如对销售办事处的租金及折旧支出,有的上市公司将其归入管理费用,有的将其归入销售费用。如果上市公司的归类发生变化,则费用比率也会发生相应的变化。

招数七:通过内部转移价格规避增值税。

对于实行垂直一体化的上市公司,如果上游环节免交增值税,但其免交的增值税额仍可作为下游环节的进项税额进行抵扣,则上市公司可通过提高上游环节的内部转移价格,提高进项税额,从而达到规避增值税的目的,而且对于免交增值税的企业,其被抵扣的进项税额将直接降低成本,提高利润。

招数八:调节股权投资比率。

根据企业会计准则规定,上市公司对于持有股权比率20%以下的子公司一般采用成本法核算;对于持有股权比率20%以上的子公司采用权益法核算。采用成本法核算的子公司的收益必须在分红时才能体现为母公司的收益,而同样子公司的亏损也不会反映在当期的母公司的报表中。而采用收益法核算的子公司的收益,一般在当期按母公司持有的股权比率确认为当期的损益。因此对于连年亏损的子公司,上市公司一般将其股权减持至19%,以暂时隐藏该项亏损;而对于盈利状况较好的子公司,如股权比率在20%以下,上市公司一般会提高股权比率至20%以上。

招数九:资产溢价转让,提高当期收益。

资产转让是上市公司提高当期收益最便捷的手段,特别是对于控股股东实力雄厚的上市公司,控股股东对其支持的主要手段便是溢价收购上市公司的不良资产,包括应收账款、存货、投资以及固定资产等,这通常是资产重组的第一步。

招数十:折旧和摊销年限自我“调节”。

对于某些上市公司而言,固定资产折旧占销售收入的比重很大,因而固定资产折旧金额的变化对最终利润的影响也较大。上市公司一般通过将折旧比率确定为一个区间,从而在每年折旧金额确定上拥有较大弹性。

22. 如何分析固定资产减值准备

银行客户经理必须懂得企业的固定资产减值准备提取是否准确,以便准确核实企业的财务制度是否稳健。

企业应当在期末或者至少在每年年终,对固定资产逐项进行检查,如果由于市价持续下跌,或技术陈旧、损坏、长期闲置等原因导致其可收回金额低于账面价值的,应当计提固定资产减值准备。

应当注意:

第一,企业的固定资产是否发生减值,计提方法是否符合制度规定,数额是否正确。

按照《企业会计准则》的规定,企业应当在期末对固定资产逐项进行检查,如果存在下列情况,应当计算固定资产的可收回金额,以确定资产是否已经发生减值:

①固定资产市价大幅度下跌,其跌幅大大高于因时间推移或正常使用而预计的下跌,并且预计在近期不可能恢复。

②同期市场利率等大幅度提高,进而很可能影响企业计算固定资产可收回金额的折现率,并导致固定资产可收回金额大幅度降低。

③固定资产陈旧过时或发生实体损坏。

④企业所处环境,如技术、市场、经济或法律环境,或者产品营销市场在当期发生或在近期发生重大变化,并对企业产生负面影响。

⑤固定资产预计使用方式发生重大不利变化,如企业计划终止或重组该资产所属的经营业务、提前处置资产等情形,从而对企业产生负面影响。

第二,固定资产存在下列特定情况之一的,应当按照该项固定资产的账面净值全额计提减值准备。

①长期闲置不用,并在可预见的未来不会再使用,且已无转让价值的固定资产。

②已经毁坏,以至于不再具有使用价值和转让价值的固定资产。

③虽然尚可使用,但使用后产生大量不合格品的固定资产。

④由于技术进步等原因,已不可使用的固定资产。

⑤其他实质上已经不能再给企业带来经济利益的固定资产。

23. 如何分析工程物资和在建工程项目

企业的工程物资和在建工程项目对银行意义重大,是银行营销信贷业务的重要机会。

(1)工程物资

企业自行建造固定资产可以分为自营建造和出包建造两种方式。

"工程物资"项目反映企业各项工程尚未使用的工程物资的实际成本,包括为工程准备的材料、尚未交付安装的设备的实际成本,以及预付大型设备款和基本建设期间根据项目概算购入为生产准备的工具及器具等的实际成本。

(2)在建工程

在建工程包括固定资产新建工程、改扩建工程、大修理工程等。"在建工程"项目反映企业期末各项未完工的实际支出,该项目反映企业固定资产新建、改扩建、更新改造、大修理等情况和规模。资产负债表中"在建工程"金额包括交付安装的设备价值、未完建筑安装工程已经耗用的材料、工资和费用支出、预付出包工程的价款、已经建筑安装完毕但尚未交付使用的工程等可回收金额。

如果企业的在建工程存在下列一项或若干项情况时,应当确认发生减值,并计提减值准备:

A. 长期停建并且预计未来 3 年内不会重新开工的在建工程。

B. 所建项目无论在性能上还是在技术上已经落后,并且给企业带来的经济利益具有很大的不确定性。

C. 其他足以证明在建工程已经发生减值的情形。

【点评】

在建工程抵押指抵押人为取得工程继续建造资金的贷款,以其合法方式取得的土地使用权连同在建工程的投入资产,抵押给银行作为偿还贷款履行担保的行为。在建工程是指经审批正在建设中的房屋及其他建筑物。在建工程抵押作为抵押的一种特殊形式,因具有加速资金流动和促进资金融通等优点,在满足银行拓展客户的同时,又可解决企业的融资需求,现被银行广泛采用。但是,在建工程抵押毕竟不同于已取得房屋所有权证的房地产抵押,在建工程抵押的法律关系较为复杂,不确定因素较多,隐含较多的风险,如果操作不当,很可能出现法律风险,造成信贷资产损失。

【法律依据】

关于在建工程抵押的法律依据,《担保法》未做明确规定。最高人民法院关于适用《担保法》若干问题的解释第 47 条规定:"以依法获准尚未建造的或者正在建设中的房屋或者其他建筑物抵押的,当事人办理抵押登记,人民法院可以认定抵押有效",该司法解释确立了在建工程抵押的合法性。根据民法物权原理,物权的成立与存在须以标的物的存在为前提。抵押权作为物权的法定内容之一,亦应遵循这个规则。而在建工程在完工以前,虽然已具备物的一些特征,但尚不具备完整意义的物质形态,显然不是完整的物。所以,银行在办理在建工程抵押贷款时更应规范操作程序,有效规避法律风险,确保信贷资产的安全。

【抵押的条件】

《担保法》司法解释对在建工程抵押的合法性进行明确,但对在建工程抵押的条件未做具体规定。建设部《城市房地产抵押管理办法》第 3 条将在建工程抵押限定为:抵押人为取得在建工程继续建造资金的贷款,以其合法方式取得的土地使用权连同在建工程的投入资产,以不转移占有的方式抵押给贷款银行作为偿还贷款履行担保的行为。根据《担保法》司法解释、《城市房地产抵押管理办法》及其他法律法规的规定，在建工程抵押必须具备以下几方面条件：①在建工程抵押贷款的用途为在建工程继续建造所需资金。《物权法》出台前信贷客户不得用在建工程为他人的债务提供担保，也不能为自己其他用途的债务进行担保，而只能为取得在建工程继续建造资金的贷款担保。《物权法》实施后在建工程抵押可以为其他债权种类设定抵押，对在建工程抵押担保的种类没有限定。②在建工程占用范围内的土地，已经缴纳全部土地出让金，并取得国有土地使用权证。③《城市房地产抵押管理办法》明确规定，在建工程抵押合同应载明土地使用权证、建设用地规划许可证和建设工程规划许可证三证的编号，故在建工程抵押必须已经取得土地使用权证、建设用地规划许可证和建设工程规划许可证。同时，正在建造的在建工程抵押，还必须取得建设工程施工许可证。④投入工程的自有资金必须达到工程建设总投资的25%以上，并已经确定工程施工进度和工程竣工交付日期。

【法律规定】

（一）在建工程抵押范围的界定。根据《城市房地产抵押管理办法》的规定，抵押在建工程包括在建建筑物本身及其土地使用权两部分

1. 建筑物部分。在建工程抵押时是以工程全部还是以已完工部分作为抵押物，目前理论界和各地登记操作实务中均未统一。

2. 土地使用权部分。对于抵押物范围包括整宗土地使用权还是仅仅为在建工程已完工部分所分摊的土地份额。银行在办理在建工程抵押贷款时应把握在建工程及土地使用权整体作为抵押物的原则，在抵押登记时应将整宗土地使用权纳入抵押登记的范围，而不应按分摊份额登记。

（二）在建工程抵押物价值的确定

《担保法》第35条规定“抵押人所担保的债权不得超出其抵押物的价

值”。建设部、中国人民银行、中国银监会于2006年1月联合下发的《关于规范与银行信贷业务相关的房地产抵押估价管理有关问题的通知》(以下简称《通知》)规定,“房地产抵押价值由抵押当事人协商议定,或者由房地产估价机构进行评估。房地产管理部门不得要求抵押当事人委托评估房地产抵押价值”。按照《通知》及《担保法》的有关要求,银行在确定在建工程抵押物价值时,可委托房地产评估机构对拟抵押的在建工程进行评估,在评估的基础上确定在建工程抵押物的市场公允价值。由于在建工程抵押尚有许多不确定因素,所以银行在核定抵押物价值与实际可贷款额度的折率时应从紧把关,一般在建工程抵押折率应控制在60%以内。

(三)在建工程抵押权与工程款优先受偿

《合同法》第286条规定:“发包人未按照约定支付价款的,承包人可以催告发包人在合理期限内支付价款。发包人逾期不支付的,除按照建设工程的性质不宜折价、拍卖的以外,承包人可以与发包人协议将该工程折价,也可以申请人民法院将该工程依法拍卖。建设工程的价款就该工程折价或者拍卖的价款优先受偿。”《合同法》在该条中对工程款享有优先受偿权作了规定,但法定抵押权与工程款享有优先受偿权谁先行使,《合同法》中未作明确。但是,最高人民法院《关于建设工程价款优先受偿权问题的批复》(以下简称《批复》)(法释〔2002〕16号)则采纳工程款法定优先权说,并从字面上与抵押权区别开来。《批复》第1条规定:“人民法院在审理房地产纠纷案件时和办理执行案件中,应当按照《合同法》第286条的规定,认定建筑工程承包人的优先受偿权优于抵押权和其他债权。”由此看出,工程款受偿的法定优先权绝对地优先于抵押权,而无论抵押权登记与否、成立的时间是否在工程款法定优先权之前。按照该司法解释,对银行来说,在建工程抵押贷款最大的风险就是工程款优先受偿权优于抵押权问题。建设工程价款优先受偿权作为法定优先权,不仅是由法律直接予以规定的,而且无须办理登记手续,其受偿额不属公示信息,从而导致抵押权人对自己的风险无法预测和控制。

银行在审查时应重点把握以下3点：

1. 要求客户提供与在建工程施工单位签订的建设工程合同，注意审查合同约定工程的总造价、工程款支付条件、支付方式以及是否存在施工单位垫资建设等情况。

2. 确定在建工程可抵押担保额度时，应将尚欠施工单位的工程款从抵押物价值中剔除。对尚欠工程款的情况，应要求工程施工单位出具书面证明材料。

3. 要求工程施工单位对银行贷款提供担保或书面承诺放弃工程款优先受偿权。银行在办理贷款时除在建工程抵押外，还可以要求增加工程施工单位做连带责任保证担保，如出现施工单位主张工程款优先权时，银行可要求施工单位承担抵押物不足清偿部分的保证责任，使贷款资金不受损失。

另外，客户以在建工程申请抵押贷款时，银行可要求施工单位出具放弃工程款优先受偿权的书面承诺，从源头上避免出现抵押权与工程款优先受偿权之间的冲突。

(四)在建工程的建筑物与土地使用权必须同时抵押

《城市房地产抵押管理办法》明确规定，以在建工程已完工部分抵押的，其土地使用权随之抵押。这也是与我国房地产法律中的“房随地走”或“地随房走”保持一致的要求。

银行在办理在建工程抵押贷款时，应把整宗土地使用权与在建工程的建筑物一并抵押，而不能仅仅抵押在建工程建筑物占用部分的土地使用权，土地使用权和在建工程建筑物的数量、面积、有关权证号码等情况应在抵押物清单上载明。在建工程抵押应按规定到相关部门办理抵押登记手续，取得抵押物登记证。

银行要密切关注在建工程的建设施工情况，根据实际及时办理新增部分在建工程的抵押手续。当在建工程竣工，客户已取得房屋所有权证后，银行应根据《城市房地产抵押管理办法》第 34 条的规定,与客户重新签订抵押合同,按规定办理房地产抵押登记。

(五)在建工程抵押权与商品房预售冲突的风险及防范

房地产开发企业为筹集资金,常常在开发的过程中就进行预售,一般来说,在建工程抵押与商品房预售不能并存,也就是说,商品房预售时,房地产开发企业应当与银行解除已设定的抵押关系,否则购房人将无法获得房屋的产权证。

根据《城市房地产管理法》第 44 条的规定,开发企业只要"按揭供预售的商品房计算,投入开发建设的资金达到工程建设总投资的 25%以上,并已经确定施工进度和竣工交付日期",就可以向县级以上人民政府房产管理部门办理预售登记,取得商品房预售许可证,进而进行商品房预售。预售是一种转让行为,根据《担保法》第 49 条的规定:"抵押期间,抵押人转让已办理登记的抵押物的,应当通知抵押权人并告知受让人转让物已经抵押的情况;抵押人未通知抵押权人或者未告知受让人的,转让行为无效。"此时,由于在建工程已经抵押给银行,如果银行同意开发企业进行预售,作为抵押物的土地连同房地产将被逐步地分割出去,银行的抵押权就逐步落空,而银行的债权尚未获得清偿,因此,银行如何同意、何时同意房地产开发企业进行商品房预售,成为银行防范风险的关键所在。

(六)在建工程抵押权与税收优先权冲突的风险及防范

2001 年修订的《税收征收管理办法》规定了税收优先权,该优先权在顺序上优先于抵押权。

《税收征收管理办法》第 45 条第 1 款规定:"税务机关征税款,税收优先于无担保债权,法律另有规定的除外;纳税人欠缴的税款发生在纳税人以其财产设定抵押、质押或者纳税人财产被留置之前的,税收应当先于抵押权、质权、留置权执行。"该规定表明,只要纳税人欠缴税款的行为发生在纳税人以其财产设定担保之前,即纳税人欠缴税款在先,以其财产设定担保在后,税收作为国家公权力就优先于担保物权这种私权力。

如果房地产开发企业在以开发项目占用范围内的土地使用权或在建工程提供抵押之前已经拖欠税款的,商业银行在处置抵押物时就要受到限制,税务机关有权先于商业银行处置并就处置价款优先受偿,收税后的剩余部分,商业银行才可以受偿。如果商业银行私自处置抵押物进行受偿,税务机关知道后有权在抵押物价值范围内向商业银行追偿欠税企业应缴的税款。

为避免企业因欠税而银行贷款带来的风险,银行在接受房地产开发企业提供在建工程抵押之前,首先,在信贷调查过程中应通过各种途径获得企业是否欠税以及欠税的时间和金额:一是通过税务机关在媒体上对纳税人欠税情况的定期公告了解抵押人是否欠税;二是直接要求房地产开发企业说明其纳税情况,提供完税凭证;三是请示税务机关提供有关抵押人的欠税情况。

其次,银行在获悉企业欠税时,应督促企业及时纳税,并把企业是否完税作为贷款的条件之一。

再次,在对抵押物、质物进行评估时,即便不把企业的欠税金额进行扣除,也应该把企业欠税情况作为重要内容在材料中体现。

最后,可以把开发企业已经缴清税款作为银行接受在建工程抵押贷款的前提条件。

(七)土地抵押转为在建工程抵押过程中的操作风险及防范

开发企业向银行申请贷款时,常常虽然取得有关部门关于同意其进行建造的建设用地规划许可证及其他证件,但是尚未进行实质性的开发,此时银行仅仅能够接受其土地使用权证作为抵押物。一旦开发企业已经开始开发,形成部分完工建筑,根据银行的信贷实践,都要求将土地使用权抵押转为在建工程抵押。

由于我国土地和房产的登记部门不同,土地使用权抵押在土地管理部门登记,在建工程抵押则在房地产管理部门登记,在将土地使用权抵押转为在建工程抵押的过程中,必须签订新的抵押合同,并重新办理登记,原有的抵押合同和登记必须注销,否则就成为重复抵押。此时,如果操作不当,将会使银行的抵押权落空:首先,作为抵押物的土地使用权如果已被法院或其他司法部门查封的,此时银行若到登记机关注销原登记,却因为抵押物已经被查封而无法办理新的登记,一旦注销后甚至连恢复原状也无法做到。其次,土地使用权虽然没有被查封,但在银行办理注销土地使用权抵押登记后、在建工程抵押权登记前的短暂时间内,抵押物突然被查封,此时,在建工程抵押权登记也无法办理。因为,根据《担保法》第 37 条第 5 项的规定,依法被查封的财产是不能抵押的。

根据《办法》第 37 条第 2 款的规定:"抵押的房地产在抵押期间竣工的,当事人应当在抵押人领取房地产权属证书后,重新办理房地产抵押登记。"在注销在建工程抵押、重新办理房地产抵押登记的过程中也可能存在上述风险。银行在因办理土地使用权抵押转为在建工程抵押、在建工程抵押转为房地产抵押而必须重新办理抵押登记时,首先要到登记部门查明抵押物是否被法院或其他司法部门查封,如果被查封的,不得办理新的登记手续,而只能要求借款人归还贷款或依法起诉要求行使抵押权。抵押物没有被查封的,在办理新的抵押手续过程中,要带好完备的登记资料,力求使登记手续在尽量短的时间内完成。同时做好保密措施,防止借款人的其他债权人获悉后通知司法机关查封抵押物。

(八)在建工程抵押办理保险过程中的风险及防范

《办法》第 23 条规定:"抵押当事人约定对抵押房地产保险的,由抵押人为抵押的房地产投保,保险费由抵押人负担。抵押房地产投保的,抵押人应当将保险单移送抵押权人保管。在抵押期间,抵押权人为保险赔偿的第一受益人。"建设银行《贷款担保办法》第 31 条规定:"建设银行同意接受抵押物的,应要求抵押人办理抵押物在抵押期间的财产保险,并应当在保险合同中明确建设银行为该项保险的第一受益人。财产保险费用由抵押人承担。"建设银行的抵押合同文本对此也作了约定。但根据我国《保险法》的规定,不管在保险责任开始前或者保险责任开始后，投保人都可以向保险人要求解除保险合同（即退保）。虽然抵押权存续期间，保险单正本在银行保管，但并不能排除投保人中途声明保险单丢失进而办理退保的情况。

另外，根据《保险法》第37条的规定："保险标的危险程度增加的，被保险人按照合同约定应当及时通知保险人，保险人有权要求增加保险费或者解除合同。被保险人未履行前款规定的通知义务的，因保险标的危险程度增加而发生的保险事故，保险人不承担赔偿责任。"此时，如果投保人不履行向保险公司的通知义务，作为第一受益人的银行也不知情，保险合同因而被保险人解除或保险人依法不承担赔偿责任，银行所持有的保险单等于一张废纸。

在办理在建工程抵押保险的过程中，应要求抵押人按照银行指定的险种、投保金额到与银行有合作关系的保险公司办理财产保险，并要求将保险单中约定："除非经过保险受益人（银行）的书面同意，投保人以任何理由中断或撤销保险要求的，保险人不得接受。"

同时，应在与保险公司的合作协议中约定："涉及银行利益的保单中，投保人声明保单丢失或要求中断、撤销保险的，保险公司应该及时通知银行。"万一抵押人不缴纳保险费或中途中断、撤销保险的，银行应以自己的名义对该抵押物进行保险，要求抵押人负担保险费用，否则要求借款人归还贷款。

信贷人员还要经常走访借款企业，督促投保人遵守国家有关消防、安全、生产操作、劳动保护等方面的规定，维护抵押物的安全。一旦发现抵押物的危险程度增加，应要求投保人及时通知保险公司。

24. 已设定在建工程抵押权项目的商品房的预售如何办理按揭贷款

可按如下步骤操作：

第一，由开发企业向银行支付与解除预售房屋所需偿还贷款额度相当的款项,或提供与该款项等值的其他财产作担保后,银行同意解除预售部分的抵押关系,开发企业再将已解除抵押关系的部分商品房预售给购房人。如此反复,流动销售,实现良性循环。

第二,银行要深度介入预售过程,包括具体到每一宗合同的签订,甚至直接掌管销售专用章、定期盘点库存商品房、向房地产管理部门查询验证销售进度等,防止不法开发企业隐瞒真相、低价抛售。

第三,银行应该尽可能地成为唯一的监管银行,全权收存售房款。开发企业在申请办理预售许可证明时,即选定抵押权银行作为监管银行,在该行设立一个专门用于收存预售款的监管账户,并与监管银行签订监管协议,明确双方的权利、义务。预售许可证载明该监管账户,预售款包括其他银行为购房人提供的购房抵押贷款均必须存入该指定的监管账户。监管银行必须根据工程监理单位出具的工程进度核定意见书拨付预售款。

25. 如何看待企业流动负债和长期负债

分析企业的流动负债和长期负债,是评估企业偿债能力的基础,企业的流动负债和长期负债并不是越少越好,而应当适中。

(1)流动负债特点

流动负债是指在债权人提出要求时即应偿付,或预期在资产负债表日后一年内需要清偿的债务。流动负债产生的原因主要有以下 4 个方面:

一是借贷形成流动负债,如从银行和其他金融机构借入短期借款、应付银行承兑汇票等;

二是结算过程中产生的流动负债,如企业购入原材料已经到货,在货款尚未支付前形成的一笔待结算的应付款项;企业自行签发的商业承兑汇票等。

表 1-4 流动资金与长期资金说明

品种	银行授信种类	用途
流动资金	短期贷款、银行承兑汇票	用于购买原材料,支付人工费用等
长期资金	长期贷款、发行债券	用于项目建设,并购项目等

三是经营过程中产生的流动负债,由于会计上实行权责发生制,有些费用需要预先提取,如预提费用、应交税费、应付职工薪酬等,从而形成企业的流动负债。

四是利润分配产生的流动负债,如应付股东的利润等。

流动负债特点表现在两个方面:

①流动负债的偿还期限是在债权人提出要求时短期偿付,一年内或一个营业周期内必须履行的义务,会导致企业现金流出。

②流动负债需用企业的流动资产或新的流动负债清偿。流动负债的项目比较多,其中比重较大的、经常性存在的、数额比较稳定的项目是“短期借款”“应付票据”“应付账款”“应交税费”“应付职工薪酬”。

(2)长期负债及特点

长期负债是指偿还期限在一年或者超过一年的一个营业周期以上的债务,它是因企业向债权人筹集可供长期使用的资金而形成的。长期负债因。企业为扩大经营规模,增加各种长期耐用的固定资产,如添置大型设备、购买房产、增置或扩建厂房等,需要大量的资金,这些资金不能仅仅依靠企业的正常经营资金,也不能以企业举借短期债务来满足,要通过长期来源资金来补足,否则,会有资金与资产错配的风险。

根据筹措资金的具体方式不同,企业的长期负债主要包括长期借款和应付债券两种形式。

长期借款:长期借款是指企业向银行或其他金融机构借入的期限在一年以上(不含一年)或超过一年的一个营业周期以上的各项借款,可分为固定资产投资借款、更新改造借款、科技开发和新产品试制借款。

可分为政策性银行贷款、商业银行贷款等此外，企业还可从信托投资公司取得实物或货币形式的信托投资贷款，从财务公司取得各种中长期贷款。

银行为了免受损失，可以在长期借款合同中设置保护性条款：

①一般性保护条款：

A. 对借款企业流动资金保持量的规定，其目的在于保持借款企业资金流动性和偿债能力；

B. 限制其他长期债务，其目的在于防止其他贷款人取得对企业资产的优先求偿权；

C. 借款企业定期向银行提交财务报表，其目的在于及时掌握企业的财务情况；

D. 不准在正常情况下出售较多资产，以保持企业正常的生产经营能力；

E. 如期缴纳税费和清偿其他到期债务，以防被罚款而造成现金流失；

F. 不准以任何资产作为其他承诺的担保或抵押，以避免企业负担过重。

②特殊性保护条款：

A. 贷款专款专用；

B. 不准企业投资于短期内不能收回资金的项目；

C. 要求企业主要领导人在合同有效期间内担任领导职务；

D. 要求企业主要领导人购买人身保险等。

例如：各银行给华润置地提供贷款时都设置有一个条款，华润集团必须保证对华润置地的控股权地位，这就属于承诺条款。

长期借款利息率通常高于短期借款的，但信誉好或抵押品流动性强的借款企业，仍然可以争取到较低的长期借款利率。

除利息之外，银行还会向借款企业收取其他费用，如实行周转信贷协定所收取的承诺费、要求借款企业在本银行中保持补偿存款余额所形成的间接费用。这些费用会增大长期借款的成本。

长期借款主要用途:

①企业借入长期借款可以弥补企业流动资金的不足,在某种程度上,还起着施工企业正常施工生产经营所需垫底资金的作用。

②企业为扩大施工生产经营、搞多种经营,需要添置各种机械设备,建造厂房,这些都需要企业投入大量长期占用的资金,而企业所拥有的经营资金,往往是无法满足这种需要的,如等待用企业内部形成的积累资金再去购建,则可能丧失企业发展的有利时机。

③举借长期借款,可以为投资人带来获利机会。企业需要的长期资金来自两个方面:一是增加投资人投入的资金;二是举借长期借款。从投资人角度来看,举借长期借款往往更为有利。一方面,有利于投资人保持原有控制企业的权力,不会因为企业筹集长期资金而影响投资者本身的利益;另一方面,还可以为投资人带来获利的机会。因为长期借款利息,可以计入财务费用在税前利润列支,在企业盈利的情况下,就可少交一部分所得税,为投资人增加利润。

应付债券是企业依照法定程序发行,约定在一定期限内还本付息的有价证券。应付债券就是企业在记账时的一个会计科目,即发行债券的企业在到期时应付钱给持有债券的人(包括本钱和利息)。

长期负债的特点表现在:

①债务偿还的期限较长,一般可以超过一年或者超过一年的一个营业周期以上。

②债务的金额较大。

③这项债务可以采用分期偿还的方式,或者分期偿还利息,待一定日期后再偿还本金的方式,或者在确定债务的日期已满时一次偿还本息的方式。

【点评】

一些强势的企业存在较多的应付账款较为正常,例如,国内的大型钢铁公司、石油公司、电信公司、家电制造企业存在较多的应付账款。银行客户经理完全可以把握住企业有着大量应付账款,推荐“1+N”保理融资,即由核心企业推荐供应商，银行推荐应付账款融资，即企业的应付账款到期，银行对企业提供单笔融资，用于企业应付账款的支付。

“贷前先算，算后总评，有赚才放”，这是商业银行经营信贷业务的基本要点，建议每家银行都建立信贷的收益测算机制，在申报授信前，需要客户经理仔细算算到底这笔信贷能够赚多少，有赚才去做。

26. 企业的短期借款多少适合

短期借款是指企业借入的期限在1年以下的各种借款。短期借款一般是企业为维持正常的生产经营需要的资金而借入的或者为抵偿某项债务而借入的。

短期借款的债权人一般为银行、财务公司、信托公司等金融机构。企业的短期借款金额应当与企业的经营采购需要相适应。

【点评】中国银监会关于企业短期流动资金贷款需求的测算公式

①流动资金贷款测算公式基本原理。

公式推导：

设上年度销售利润率为M，上年度销售收入为S，于是：

营运资金量=S×(1-M)×(1+预计销售收入年增长率)/营运资金周转次数

营运资金周转次数=360/(存货周转天数+应收账款周转天数-应付账款周转天数+预付账款周转天数-预收账款周转天数)

②流动资金贷款测算公司基本原理。

公司推导：

因：周转天数=360/周转次数

故：应收账款周转天数=360/(S/平均应收账款余额)

=360×(平均应收账款余额/S)

预售账款周转天数＝360/（S/平均预收账款余额）

＝360×（平均预收账款余额/S）

③流动资金贷款测算公式基本原理。

公式推导：

存货周转天数＝360/［S×（1－M）］/平均存货余额

＝360×［平均存货余额/S×（1－M）］

预付账款周转天数＝360/［S×（1－M）］/平均预付账款余额］

＝360×［平均预付账款余额/S×（1－M）］

应付账款周转天数＝360/［S×（1－M）/平均应付账款余额］

＝360×［平均应付账款余额/S×（1－M）］

④流动资金贷款测算公式基本原理。

营运资金量＝S×（1－M）×（1＋预计销售收入年增长率）

×（存货周转天数＋应收账款周转天数

＋预付账款周转天数－预收账款周转天数）/360

＝S×（1－M）×（1＋预计销售收入年增长率）

×［平均存货余额/S×（1－M）＋平均应收账款余额/S

－平均应付账款余额/S－平均应付账款余额/S

×（1－M）＋平均预付账款余额/S

×（1－M）－平均预收账款余额/S］

⑤流动资金贷款测算公式基本原理。

营运资金量＝（1＋预计收入年增长率）×［平均存货余额

＋（平均应收款余额－平均预收账款余额）

×（1－M）－平均应付款余额＋平均预付账款余额］

⑥流动资金贷款测算公式基本原理。

由上述表达式可以得到的推论是：

A. 营运资金量的基本含义为（应收＋存货＋预付）与（应付＋预收）的

缺口。

B. 考虑销售利润率后,应收和预收扎差后减去了利润部分,显示实际资金占用。

C. 考虑销售增长率后,营运资金就是在原有经济模式下的资金缺口的按比例增长。

⑦流动资金贷款测算总结。

A. 测算范围。

流动资金贷款管理暂行办法是针对本外币贷款的。

《流贷办法》第3条规定,本办法所称流动资金贷款,是指贷款人向企(事)业法人或国家规定可以作为借款人的其他组织发放的用于借款人日常生产经营周转的外币贷款。

B. 提供流动资金授信额度必须进行测算。

《流贷办法》第六条规定,贷款人应合理测算借款人营运资金需求,审慎确定借款人的流动资金授信总额及具体贷款的额度,不得超过借款人的实际需求发放流动资金贷款。

贷款人应根据借款人生产经营的规模和周期特点,合理设定流动资金贷款的业务品种和期限,以满足借款人产生经营的资金需求,实现对贷款资金回笼有效控制。

⑧贷款人应与借款人约定明确、合法的贷款用途。

流动资金贷款不得用于固定资产、股权等投资,不得用于国家禁止生产、经营的领域和用途。

流动资金贷款不得挪用,贷款人应按照合同约定检查、监督流动资金贷款的使用情况。

《流贷办法》第31条规定,贷款人应通过借款人合同的约定,要求借款人指定专门资金回笼账户并及时提供该账户资金进出情况。贷款人可根据借款人信用状况、融资情况等,与借款人协商签订账户管理协议,明确约定对指定账户回笼资金进出管理。

贷款人应关注大额及异常资金流入流出情况,加强对资金回笼账户的监控。

⑨《流贷办法》第32条规定,贷款人应动态关注借款人经营、管理、财务及资金流向等重大预警信号,根据合同约定及时采取提前收贷、追加担保等有效措施防范化解贷款风险。

《流贷办法》第33条规定,贷款人应评估贷款品种、额度、期限与借款人经营状况,还款能力的匹配程度,作为借款人后续合作的依据,必要时及时调整与借款人合作的策略和内容。

⑩对小企业融资,订单融资,预付租金或者临时大额债项融资等情况,可在交易真实性的基础上,确保有效控制用途和回款情况下,根据实际交易需求确定流动资金额度。

对于新授信,必须确保"有效控制用途和回款"情况下,根据实际交易需求确定流动资金贷款额度,不能出现短贷长用现象。

⑪票据和国内信用证如何处理。

《流动资金贷款管理办法》对企业经常签发的银行承兑汇票和国内信用证没有规定,这部分资产是企业在日常采购活动中经常使用到的产品。客户经理必须高度重视。

我们应当将银行承兑汇票和国内信用证纳入企业的短期融资额度测算范围内,因为,银行承兑汇票和国内信用证是企业短期借款的替代工具,实际上也为企业融资需求的一部分。

27. 应付账款项目对银行的价值

应付账款是指因购买材料、商品或接受劳务供应等而发生债务。在对应付账款进行分析时需要注意的是应付账款入账时间确定有关规定,以及应付账款入账价值确定是否正确。

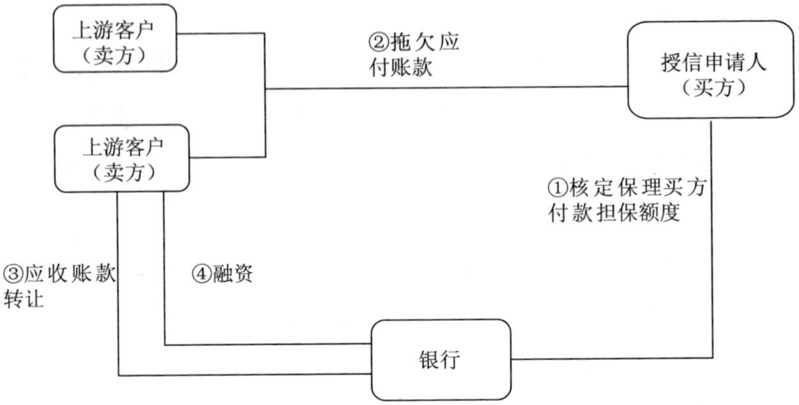

图 1-5 "1+N"保理支付

28. 企业应付票据多少合适

银行必须对企业额应付票据科目非常关注,应付票据是企业签发的支付工具,会给银行带来可观的存款回报。

应付票据是由出票人出具的,委托付款人在指定日期无条件支付确定的金额给收款人或者持票人的票据。一个企业在银行申请办理的银行承兑汇票,企业自己签发的商业承兑汇票都反映在应付票据科目。

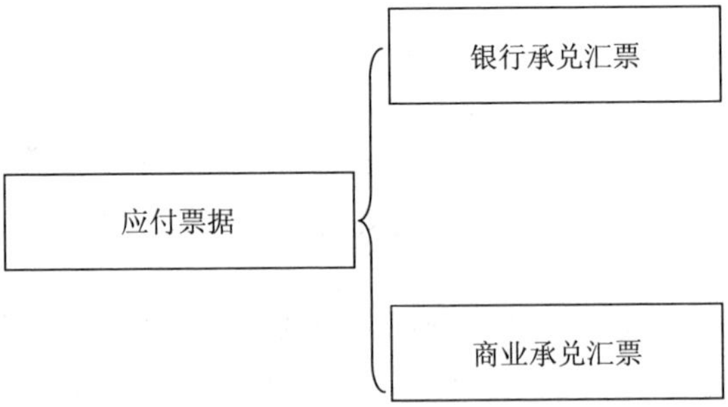

图 1-6 应付票据种类

企业签发的银行承兑汇票和商业承兑汇票金额和到期日应当与企业货

币资金和应收账款进行匹配，防止出现银行承兑汇票和商业承兑汇票到期不能兑付的风险。因为企业使用银行承兑汇票和商业承兑汇票主要用于物资和商品的采购，而根据原本银行承兑汇票和商业承兑汇票的用意，就是企业采购了物资和商品后，以物资和商品的销售款归还银行承兑汇票和商业承兑汇票。

企业签发票据和在银行申请贷款属于组合融资方式，无论是签发票据或者办理贷款，其实对企业而言都是支付方式，签发票据属于票据付款，申请贷款属于现金付款。

应付票据是企业对外签发的刚性付款的欠条，允诺在一定时期内支付一定款额的书面证明。在采用商业承兑汇票方式的情况下，承兑人应为付款人，承兑人对这项债务在一定时期内支付的承诺，作为企业的一项负债；在采用商业承兑汇票方式的情况下，商业汇票应由在承兑银行开立存款账户的存款人签发，由银行承兑。由银行承兑的银行承兑汇票，只是为收款方按期收回债权提供可靠的信用保证，对付款人来说，不会由于银行承兑而使这项负债消失。因此，即使是由银行承兑的汇票，付款人的现存义务依然存在，应将其作为一项负债。我国商业汇票的付款期限最长不超过6个月。因此，应付票据属于流动负债的范围。

应付票据和应付账款并不相同，两者虽然都是由于交易而引起的负债，都属于流动负债的性质，但应付账款是尚未结清的债务，而应付票据是一种期票，是延期付款证明，有承诺付款的票据作为凭据。在对企业的应付票据进行分析时，主要应注意应付票据的处理是否及时、是否正确。

【点评】

企业在报表中签发的票据属于企业的刚性负债，在短期到期必须清偿，会影响企业资金的流动性。银行在测算企业的刚性负债能力的时候，必须测算企业的应付票据、流动资金贷款的总额。

一些钢铁商、家电厂、汽车厂商在采购环节使用银行承兑汇票，往往有大量的应付票据，如宝武矿钢铁、格力电器、上海汽车集团、亚夏汽车集团等。

29. 哪些企业会有预收账款

银行客户经理必须会分析企业的预收账款项目。

预收账款反映的是买卖双方协议商定，由购货方预先支付一部分货款给供应方而发生的一项负债，这项负债要用以后的商品、劳务等偿付。

要了解的是，对于这项预收账款，在核算上有两种方法，待用产品或劳务偿付此项负债后，再进行结算。这种核算方法完整地反映这项负债的发生及偿付情况；在企业的资产负债表上，预收账款反映的是企业已经收取，但尚未提供商品或劳务的款项。

【点评】

例如，一些强势的企业往往会有预收账款，如大型的钢铁公司、煤炭公司等客户。家电企业中的珠海格力电器股份有限公司、钢铁企业中的宝武钢铁股份有限公司、煤炭企业中的中国神华能源集团有限公司等。

保理与应收账款质押融资的区别营销

①保理属于应收账款转让行为，如果借款人本身经营状况很一般，根本没有任何的抵押品，现金流状况也很一般，但就是有一笔非常优质的应收账款，属于企业最值钱的资产，如中国移动的欠款，这就非常适合办理保理融资。尤其是无追索权保理融资，银行单笔买入应收账款，实现与企业本身经营状况的完整切割。

如果在融资期间，借款人经营破产，由于企业的核心资产——应收账款已经转让给银行，银行不会出现任何损失。借款人只能扣除应收账款的其他资产去偿付员工工资以及国家的税费等。

②应收账款质押融资仅属于担保方式,类似抵押和第三方担保,还是要高度与企业自身的经营挂钩,企业经营现金流状况较好,但是缺少合格的担保和抵押品。

如果在融资期间,借款人经营破产,由于企业的核心资产——应收账款仅是质押给银行,银行会出现巨大损失。借款人首先需要以应收账款去偿付员工工资以及国家的税费等,然后才轮到银行的债权,最后是其他债权人的债权。

30. 如何分析应交增值税项目

银行客户经理分析企业的应交增值税项目,是为了准确核实企业的销售收入的真实性。

企业在一定时期内取得的营业收入和实现的利润,要按照规定向国家缴纳各种税金。这些税金包括增值税、资源税、房产税、车船税、进出口关税、城乡维护建设税、印花税、消费税、企业所得税等。

这部分负债属于企业的刚性负债,到期必须进行支付,银行在分析企业应交增值税时,企业必须有充足的资金以对应,这部分扣除资金可能影响企业资金的流动性。而对于银行而言,也意味着重要的融资机会,银行提供透支贷款,定向用于支付应交增值税。

应交税金在尚未缴纳之前,暂时停留在企业,形成一项流动负债。对资产负债表中"应交税费"进行分析时,需要对企业应交税费各种来源进行具体分析。

增值税是一种对商品流转各个环节上的增值额课征的一种税。所谓增值额,是指企业或其他企业生产经营者在一定时期的生产经营活动所创造的新增价值,也可以理解为纳税人在一定时期内因销售应税商品或提供应税劳务所取得的收入大于其购进商品或取得劳务时所支出的金额的差额。

凡在我国境内销售货物,提供加工、修理修配劳务以及进口货物的单位和个人,均为增值税的纳税义务人。

所称以从事货物生产或者提供应税劳务为主,是指纳税人的年货物生产或者提供应税劳务的销售额占年应税销售额的比重在50%以上。

增值税计算:

增值税最大的特点就是购进商品或材料已纳的税款(即进项税额)可以抵扣,从而间接达到只对增值额征税的目的,这是增值税优于传统全值型流转税的根本原因。由于增值因素在经济生活中难以被精确计算,因而增值税的计算通常采用间接计算法,即以商品销售额为计税依据,允许从税额中扣除上一道环节已缴纳的税额,以实现按增值因素征税的原则。

①一般纳税人增值税的计算:

$$应纳税额=当期销项税额-当期进项税额$$

销项税额是指纳税人销售货物或者应税劳务,按照应税销售额和规定的税率计算并向购买方收取的增值税额。纳税人销售或进口货物、提供应税劳务,除规定适用低税率13%和出口货物适用零税率外,其他均适用17%的税率。销项税额的计算公式为:

$$销项税额=应税销售额\times税率$$

应税销售额为纳税人销售货物或者应税劳务向购买方收取的全部价款和价外费用,但是不包括收取的销项税额。

一般纳税人销售货物或者应税劳务采用价税合计的,按下列公式计算销售额:

$$应税销售额=含税销售额/(1+税率)$$

进项税额反映的是纳税人购进货物或者接受应税劳务,所支付的或者负担的税额。因当期销项税额小于当期进项税额不足抵扣时,其不足部分可以结转下期继续抵扣。

②小规模纳税人增值税的计算。小规模纳税人销售货物或者应税劳

务，在一般情况下只能开具普通发票，不能开具增值税专用发票。其进项税额也不可抵扣，而是计入购货的成本。其应纳税额的计算，实行简易方法。计算公式为：

应纳税额=销售额×征收率

上述“销售额”是指不含税销售额。新的《增值税暂行条例》统一小规模纳税人增值税征收率，规定小规模纳税人增值税征收率为3%。在采用销售额和应纳税额合并定价方法时，应按“销售额=含税销售额/(1+征收率)”的公式将含税销售额换算成不含税销售额。

31. 应付债券项目中核算哪些企业债券

长期负债是指企业借入期限通常在一年以上的借款，企业取得长期负债主要是为了满足企业长期的资金需求，企业的长期负债在资产负债表上列示的通常有应付债券、长期借款、长期应付票据、长期应付款项目。

企业债券是企业为筹措资金而依法定程序对外发行、约定在一定期限内还本付息的一种有价证券，是债券持有人拥有发行债权企业的债权的一种书面凭证。

发行企业债券，债券持有人可按期取得固定利息，到期收回本金，但无权参与企业经营管理，不参加企业利润的分配，对企业的经营盈亏也不承担责任。因此，对企业来说，发行债券较之发行股票和向银行借款更具有灵活性。

(1)企业发行债券的有关规定

根据《中华人民共和国证券法》的规定，公开发行公司债券，应当符合下列条件：

①股份有限公司的净资产不低于人民币3000万元，有限责任公司的净资产不低于人民币6000万元。

②累计债券余额不超过公司净资产的40%。

③最近3年平均可分配利润足以支付公司债券一年的利息。

④筹集的资金投向符合国家产业政策。

⑤债券的利率不超过国务院限定的利率水平。

⑥国务院规定的其他条件。

(2)企业债券发行价格的确定

企业债券的发行价格不一定与企业债券的面值相等。债券发行价格的高低，取决以下3个要素：

①主体实力，评级越高，利率越低。

②市场行情，发行时市场利率高低直接决定价格。

③发行期限。通常债券的起止日期越长，利率越高。

32. 如何分析企业的长期借款

银行客户经理必须懂得分析企业的长期借款项目。

长期借款是企业向银行借入期限在一年以上的各种借款。企业的长期借款通常是为了满足企业购进固定资产和满足永久性流动资产占用的需要。

长期借款是银行必须高度关注的科目，很多银行认为，我们最好办理短期贷款，只要我们的贷款到期日在其他银行之前即可，无须关注企业的长期借款，这是不对的。

企业的长期借款科目非常重要，很多长期借款有交叉违约条款（即不可抗辩权），如果一个企业有了重大违约行为，包括非金融机构企业之间的商务违约，银行可以立即宣布本行的贷款到期，要求企业清偿。所以，表面上是长期借款，随时可能变成短期借款。

资产负债表上的企业长期借款的数额是根据企业对长期借款的会计处理进行汇总得来的。要分析企业的资产负债表上的数额就要先对企业的长期借款的会计处理有所了解。了解企业长期借款的会计处理，需要注意以下几个方面：

长期借款与其他长期融资相比，有其利也有其弊。

A. 有利之处为：融资速度快。长期借款程序较为简单，借款所需的时间短，资金获得迅速，而采取发行债券、股票等方式融资，需做好发行前的各种准备工作，一般耗时长，程序较复杂，企业不能自主决策。对于企业较为紧急的项目，申请银行长期贷款。

B. 不利之处为：借款成本高。长期借款利率一般高于长期债券利率。

【点评】

例如，深圳华为通信设备有限公司从来不上市，公司就是归任正非和公司职工所有，公司赚取的高额利润由股东方自己分享。这非公司出发点就非常善意，提供贷款非常安全。

对于企业而言，最大的风险就是短借长用，长期资产的购置，机器、设备、房产等应当通过长期借款；短期流动资产的购置，原材料、经营性商品等可以通过短期借款和应付票据。如果购置房产等使用一年期贷款，除非借款人企业属于典型的垄断型企业，现金流极为充沛，备用授信额度极多，否则容易出现资金链条断裂的风险。

33. 如何分析企业的长期应付款

很多企业为了降低资产负债率，避免大额借款到期而企业的负债上升，采取租赁设备方式融资，从而形成大量长期应付款。

长期应付款是指企业除长期借款和应付债券以外的其他各种长期应付款项，包括应付融资租入固定资产租赁款、以分期付款方式购入固定资产等发生应付款项等。

①应付融资租入固定资产租赁费。

A. 融资租赁的划分标准:

a. 在租赁期届满时,租赁资产的所有权转移给承租人。

b. 承租人有购买租赁资产的选择权,所订立的购买价预计将远低于行使选择权时租赁资产的公允价值,因而在租赁开始时就可以合理确定承租人将会行使这种选择权。

c. 即使资产的所有权不转移,但租赁期占租赁资产使用寿命的大部分。

d. 承租人在租赁开始日的最低租赁付款额的现值,几乎相当于租赁开始日租赁资产公允价值。

e. 租赁资产性质特殊,如果不做较大改造,只有承租人才能使用。

B. 承租人对融资租赁的会计处理原则:

a. 最低租赁付款额。最低租赁付款额是指在租赁期内,承租人应支付或可能被要求支付的款项(不包括或有租金和履约成本),加上由承租人或与其有关的第三方担保的资产余值。

b. 初始直接费用计入租入资产的入账价值。初始直接费用承租人在租赁谈判和签订租赁合同过程中发生的,可归属于租赁项目的手续费、差旅费、律师费、印花税等初始直接费用,应当计入租入资产价值。

c. 或有租金——财务费用。或有租金是指金额不固定以时间长短以外的其他因素(如销售百分比、使用量、物价指数等)为依据计算的租金。

d. 履约成本。履约成本是指在租赁期内为租赁资产支付的各种使用费用,如技术咨询和服务费、人员培训费、保险费、维修费等。

表 1-5　融资租赁处理原则

融资租赁	处理原则
融资租入的固定资产	在租赁开始日按租赁资产公允价值与最低租赁付款额的现值两者较低者,加上初始直接费用作为租入资产的入账价值,将最低租赁付款额作为长期应付款的入账价值,并将两者的差额作为未确认融资费用
初始直接费用	承租人在租赁谈判和签订租赁合同过程中发生的,可归属于租赁项目的手续费、律师费、差旅费、印花税等初始直接费用,应当计入租入资产价值
未确认的融资费用	在租赁期内各个会计期间进行摊销并确认为融资费用,摊销的方法采用实际利率法
融资租入的资产	采用与自有资产一致的折旧政策计提折旧

②应付分期付款方式租入固定资产,购买固定资产的价款超过正常信用条件延期支付,实质上具有融资性质,固定资产的成本以购买价款的现值为基础确定。

【融资租赁利弊分析】

融资租赁有利之处:

①获得所需资产迅速。融资租赁往往比借款筹资再购置设备更迅速、更灵活,因为租赁是筹资与设备购买同时进行的,从而可缩短设备的购进、安装时间,使企业尽快形成生产经营能力。

②限制条件较少。企业采取发行股票、债券、长期银行借款筹资方式往往都有相当多的条件和条款限制,相比之下,租赁筹资的限制要少。

③降低设备陈旧过时的风险。在科学技术日新月异的今天,固定资产更新换代越来越快,企业设备陈旧过时风险也在加大,但利用租赁方式可降低这一风险。这是因为融资租赁期限一般为资产使用年限的75%,因此不会像自己购买设备那样承担整个期间的风险。

④降低企业债务不能偿付的风险。融资租赁的租金通常是在整个

租赁期内分期支付的,它能够减少企业财务上到期还本付息的压力,降低企业不能偿付的风险。

⑤减少所得税支出。因为租金可以在税前扣除,从而减少应纳税所得额,因此减少企业的所得税支出。

融资租赁的不足之处:

①融资成本高。与债券和借款等筹资方式相比,租金通常要高于利息费用。

②不能享有设备的残值。租赁筹资方式不能享有设备的残值,这也是承租企业的一种机会损失。

34. 如何分析企业的或有负债

企业或有负债是一个非常严肃的项目,银行必须非常认真地加以核对,有些企业就是因为或有负债过大或者突增而"猝死"。或有负债,虽然不是企业现在必须偿还,且显露在外面的负债,对企业的远期现金流流出可能存在威胁,银行必须认真考量。

第一,分析企业"或有负债"。或有负债事项是指由企业过去的交易或事项形成的一种状况,其结果需通过未来不确定事项的发生的事项。

首先,或有事项是过去的交易或事项形成的。

例如,甲企业向银行申请贷款,乙企业提供担保,由于甲企业还在正常经营,乙企业是否需要承担还款责任尚难判断。对于乙企业来说,一项或有事项已经形成,它是由过去事项形成的。需要说明的是,或有事项是资产负债表日的一种客观存在,它的结果对企业有利或无利、影响多大,只能由未来发生的交易或事项来确定。

企业的或有事项包含确认为负债的或有事项、应披露的或有负债和或有资产3种。在企业的资产负债表上的"预计负债"科目反映的即是企业确认为负债的或有事项。

第二，对于与或有事项相关的义务同时符合以下条件，企业应将其确认为负债：

①该义务是企业承担的现时义务。例如，企业对外签发的国内信用证业务，企业将要承担兑付信用证义务。

②该义务的履行很可能导致经济利益流出企业。“很可能”是指发生可能性为“大于50%但小于或等于95%”。因此“该义务履行很可能导致经济利益流出企业”指的是履行因或有事项产生的现时义务时，导致经济利益流出企业可能性超过50%但尚未达到基本确定的程度。

③企业承担义务金额能准确地计量。“义务的金额能可靠地计量”是指或有事项产生的金额能合理估计。由于或有事项具有不确定性，其发生的金额也具有不确定性，因此需要估计。要将或有事项确认为一项负债，相关的现时义务必须能够被可靠地估计。如企业对售出商品产品的承担回购担保的义务，可以根据过去的经验估计发生概率的金额。

【点评】

很多上市公司已经摸清了报表门道，采取一些隐蔽的方式既为关联公司、上下游公司提供了隐性担保，同时，又不反映在报表中。

例如，采取“1+N”保理融资的隐蔽方式，采取拖欠应付账款的方式，但是已经对银行的应收账款转让进行了确认，并签订了三方合作协议。

采取“1+N”保兑仓融资的隐蔽方式，采取从经销商处预收账款的方式，但是对银行承诺提供退款承诺，银行对经销商办理银行承兑汇票，并签订了三方合作协议。

35. 实收资本（或股本）对缓释银行授信风险的作用

企业要进行经营，必须要有一定的“本钱”。我国《民法通则》中明确规定,设立企业法人必须要有必要的资产。资本是企业抵御风险最重要的屏障。

【点评】

银行要非常小心一些“影子金融股东”,如信托公司、基金性质的股东,这类股东方名义上为股东方,往往有隐性的保证条款。即公司必须在某段时间内上市或者由公司的控股股东回购影子金融股东的股权,而这些公司的股东根本没有钱,还得从上市公司找钱,这会对企业产生巨大的影响。

广大客户经理可以看看,很多上市公司的股东都是信托公司或者基金公司一旦完成上市的解禁,就会大手笔抛售。这类股东价值非常低,对被投资企业的资源注入非常有限。

36. 负债和所有者权益的区别有哪些

所有者权益是指企业对净资产的所有权,它表明企业的资产总额在抵偿一切现存负债义务后的差额部分,包括盈余公积、实收资本(或股本)、资本公积、未分配利润等。

负债和所有者权益都是企业的资金来源,区别在于:

(1)所欠对象不同

负债是企业对债权人借入资金,属于短期必须偿还债务,肯定会导致短期现金流出;所有者权益是投资人对企业投资,属于长期性的资源投入,属于企业无须归还的,对企业没有偿债压力。投资者对企业的利益诉求包括现金分红和资本增值。则设立的企业,应当首先尽可能争取更多的资本金,这样才能容易从银行取得资金。

(2)债务性质不同

负债是在经营或其他事项中发生的债务,是债权人对其债务的权利。所有者权益是企业股东对企业投入的资本及其投入资本的运用所产生的盈余(或亏损)的权利。

(3)偿还期限不同

负债必须于一定时期(特定日期或确定的日期)偿还,有同性刚期日。所有者权益一般只有在企业解散清算时(除按法律程序减资等外),其破产财产在偿付破产费用、债权人债务等以后,如有剩余财产,才可能还给股东,在企业持续经营的情况下,股东一般不能收回投资。

(4)享受的权利不同

债权人只享有收回债务本金和利息的权利,要求固定回报。而无权参与企业的收益分配,也不能参与企业的经营管理。所有者权益,要求非固定回报,除可获得利益外,还可参与企业的经营管理。在所有者权益对应股东中,普通股股东享有公司持票权,优先股股东基本很类似债权人,享有固定收益。

37. 如何分析企业未分配利润项目

未分配利润是指企业年度内实现的利润总额按有关规定的程序分配完毕以后,仍然结存在企业的那部分利润,它也是企业所有者权益的组成部分。相对于所有者权益的其他部分来说,企业对于未分配利润的使用分配有较大的自主权。

未分配利润是期初未分配利润加上本期实现的税后利润,减去提取的各种盈余公积和分出利润后的余额。未分配利润有两层含义:一是留待以后年度处理的利润;二是未指定特定用途的利润。

具体分析企业的未分配利润时,可将其与利润分配表上的未分配利润相比较,二者应该是一致的。同时,了解企业的未分配利润的具体数额后,企业的未分配利润越大,说明企业的积累越多,对银行的保障程度越好。

38. 如何全面分析盈余公积项目

盈余公积是指企业按照规定从净利润中提取的各种积累资金。盈余公积根据其用途不同分为公益金和一般盈余公积两类。公益金专门用于企业职工福利设施的支出。

公司制企业按照税后利润5%~10%的比例提取法定公益金。

一般盈余公积分为两种：一种是法定盈余公积。公司制企业的法定盈余公积按照税后利润的10%提取（非公司制企业也可按照超过10%的比例提取），法定盈余公积累计额已达注册资本的50%时可不再提取，一般来说，国家鼓励企业尽量多提盈余公积。另一种是任意盈余公积，任意盈余公积按照股东大会的决议提取。

根据会计制度的规定，企业提取的盈余公积主要用于以下两个方面：

（1）弥补亏损

企业发生亏损时，应由企业自行弥补。弥补亏损的渠道主要有3条：一是用以后年度税前利润弥补。企业发生亏损时，可以用以后5年内实现的税前利润弥补，即税前利润弥补亏损的期间为五年；二是用以后年度税后利润弥补，企业发生的亏损经过5年仍未弥补足额的，只能用税后利润弥补；三是以盈余公积弥补亏损。企业已提取的盈余公积弥补亏损时，应当由公司董事会提议，并经股东大会批准。

（2）转增资本

企业将盈余公积转增资本时，必须经股东大会决议批准。在实际将盈余公积转增资本时，要按股东原有持股比例结转。盈余公积转增资本时，转增后留存的盈余公积的数额不得少于注册资本的25%。进行盈余公积分析，主要是分析盈余公积的提取是否根据国家的规定，其用途是否符合制度规定。

综合授信的概念

多主体授信,多主体同时申报授信,在一个授信报告中反映,多个主体前后依次使用授信额度,前后置换。

多品种平行用信,一个客户主体,在一个最高额度内,多个品种用信,只要用信之和不超过最高额度。

多品种接续用信,一个客户主体,在一个最高额度内,多个品种先后用信,只要任一时点用信余额不超过最高额度。

39. 资本公积项目究竟指哪些内容

资本公积是指由股东投入,所有权归属于股东,但不构成实收资本的那部分资本或资产。从形成来源看,资本公积是由股东投入的资本金额中超过法定资本部分的资本,或者其他人(或单位)投入不形成实收资本资产转化形式,它不是由企业实现的净利润转化而来的,从本质上讲应属于投入资本范畴。

资本公积金可按规定程序转化为资本金,从而也有人将其称作准资本。

(1)资本溢价(股本溢价)分析

资本溢价(股本溢价)是指企业实际缴付的出资额超过其资本金的差额或企业购买股票的价格超过股票面值的差额。之所以会产生资本溢价,其原因在于:

在企业重组并有新的股东加入时,为维护原有股东的权益,新加入的股东的出资额,一般并没有全部作为实收资本(股本)进行处理。因为在企业正常经营过程中投入的资金即使与企业创立时投入的资金在数量上一致,其获利能力却不一致。

企业创业时,要经过筹建、试生产经营、为产品寻找市场、开辟市场等过程,从投入资金到取得投资回报,这中间需要许多时间,并且这种投资具有风险性,在这个过程中资本利润率很低。

而企业进入正常生产经营后,在正常情况下,资本利润率要高于企业初创阶段。而这高于初创阶段的资本利润率是由初创时必要的垫支资本和初创者辛勤的奋斗带来的,企业创办者必须为此付出代价。相同数量的投资,由于其出资时间不同,对企业的影响程度不同,由此带给股东的权利也不同。所以,新加入的股东要付出大于原有股东的出资额,才能取得与原有股东相同的投资比例。原股东原有的投资不仅从质量上发生变化,而且从数量上也可能发生变化,这是因为企业经营过程中实现利润的一部分留在企业,形成企业的留存收益,而留存收益也属于股东权益,只是其未转入实收资本而已。

表 1-6 各轮投资风险比较

创始人	原始资本金	风险极大
天使轮	刚初创	风险较大
A 轮	发展 1 年后	公司刚定型
B 轮	发展 2~3 年后	公司有明显起色
C 轮	5~7 年	公司发展迅猛

(2)股权投资准备分析

企业对被投资单位的长期股权投资采用权益法核算时,若因被投资单位接受捐赠等原因而增加资本公积时,企业应按其持股比例计算增加应属于自己份额的那一部分,在企业的会计上,这部分增加的价值反映在企业“资本公积——股权投资准备”的二级明细科目上。

40. 如何分析流动资产占全部资产的比重

银行客户经理必须记住:流动资产是商业银行最喜欢的科目,是短期贷款的最主要还款来源,但流动资产不是越多越好,必须与合理比重。

流动资产占全部资产比重较高的企业,其流动性较好,但底盘不稳,属于较灵活的企业；而长期资产占全部资产比重较大的企业，其底子较厚，但灵活性不够，短期偿债能力较差，尤其是大型工业企业。

流动资产占全部资产的比例较前期上升说明企业的应变能力增强，企业创造利润和发展的机会增加；加速资金周转的潜力大。但在这种情况下，银行客户经理要注意，企业是否在超负荷运转；企业营业利润是否按同一比例增长，如果企业营业利润和流动资产占全部资产的比重同时提高，说明企业正在发挥现有潜力，经营状况较好；反之，则说明企业经营形势趋于恶化，应采取措施予以扭转。

如果流动资产占全部资产的比重下降，而销售收入和利润却有所增加，说明企业加速资金周转，资金利用效果较好，为企业创造更多的收入。

表 1-7　服务业、轻工业、重工业财务情况比较

服务业	轻工业	重工业
基本都是流动资产	大部分是流动资产	基本都是固定资产
没有固定资产	较少固定资产	较少流动资产
电影院、餐饮公司	服装企业，食品公司	钢厂、车厂、石油公司

在进行流动资产占全部资产的比重分析时应注意两点：

①企业当前利益与长远利益的关系。如果企业以损失当前利润来寻求长远利益时，也有可能在短期内出现流动资产占全部资产的比重与实际的利润同时下降的情况。

②流动资产占全部资产比重大小往往会因行业不同而不同。通常商业企业的流动资产往往大于非流动资产，即流动资产占全部资产的比重较高，而生产企业的流动资产占全部资产的比重较低。一般来说，冶金、纺织等行业的企业流动资产在30%~60%，商业批发企业的流动资产占全部资产的比重有时高达90%以上。

在进行流动资产占全部资产比重分析时，还应重点对构成流动资产的主要项目的比重进行分析，如分析存货占全部资产的比重。企业存货占全部资产的比重较高,有可能是企业产品销售不畅而造成产成品存货增加;对于服装、家居、电子等产品积压过多,非常危险。

【点评】

客户经理不要简单地评价流动资产是越多越好,还是越少越好,完全取决于企业的经营类型。钢厂——宝钢、武钢的流动资产量较小,而钢铁经销商——河北物产、五矿钢铁等流动资产量很大。

工业类、制造类企业流动资产量很小,而文化娱乐类的制造企业流动资产很大。例如,深圳腾讯科技有限公司、华谊兄弟娱乐有限公司属于文化制造类企业,但是流动资产量很大,现金存款很大,基本没有什么固定资产。所以,现代经济的业态较多,颠覆了我们以往的认识。

41. 为什么要进行资产负债表结构分析

资产负债表的结构分析,也称为资产负债表的构成分析,主要是对资产负债表中资产各项目占资产总额的比重、负债和所有者权益各项目占负债或权益总额的比重是否恰当进行分析,其目的是揭示企业财务资源中有多少是股东投入,有多少是向银行借入,以显示企业内在财务结构的稳定性。

对资产负债表的结构进行分析,可以深层次发现企业的真实经营情况,发现企业的资产结构布局和负债结构是否合理,很多大型制造企业出于降低融资成本的考虑,一味地短借长用,就会形成巨大的资金链错配风险。

应当根据企业的资金使用的资产产生现金流的期限,决定企业的融资品种的期限,实现一一对应合理配置,这样可以最大限度降低企业的资金链错配风险。很多企业出了巨大的风险,最终倒闭,不是企业经营不善,而是资金链出了问题。

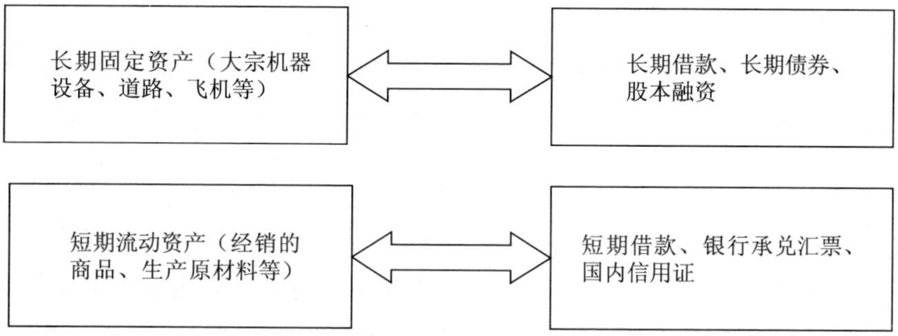

图 1-7　资产类别与融资品种

资产负债率结构分析同时揭示企业的经济资源分布在哪些方面，其分布是否合理。在对企业的资产负债表的结构进行分析时，需要将原来用绝对金额表示的资产负债表换算为用共同百分比表示的资产负债表，然后再进行具体的分析。

【点评】

负债结构分析，主要是研究负债总额(流动负债+长期负债)与所有者权益、长期负债与所有者权益之间的比例关系，前者反映上市公司自有资金负债率，后者则反映企业的负债经营状况。相应地，有两个衡量指标，即自有资金负债率=负债总额/所有者权益，负债经营率=长期负债/所有者权益。

自有资金负债率，也称为企业安全系数，用来衡量企业借款偿还的保障程度。自有资金负债率越大，银行得到的保障就越小，银行就会持谨慎态度，甚至中止信贷，并加紧催促企业还款，这样一来，已经负债累累的企业，可能陷入资金困境而举步维艰。自有资金负债率越低，银行得到的保障就越大。

我们需要综合分析，如果自有资金负债率过小，说明企业过于保守，没有充分利用好自有资金，挖掘潜力还很大。对这一指标的分析，也要同行业间横向对比，同企业不同报告期末纵向对比，另外，还要结合公司其他情况来综合分析。

负债经营率，一般用来衡量企业的独立性和稳定性。企业在发展过程中，通过长期负债，如银行贷款、发行债券、借款等，来筹集固定资产和长期投资所需的资金，是一条较好的途径。

如果长期负债过大，利息支出很高，一旦企业陷入经营困境，如货款收不回、流动资金不足等情况，长期负债就会变成企业包袱。为避免投资这样的企业，在我们分析时，需关注企业的利润，甚至是生产经营活动的现金流量净额，当其不足以支付当期利息，甚或已经相当紧张时，我们就需格外留神。

42. 不同企业不同资产负债率指标

负债占负债及所有者权益总额的比重，也可称为负债占全部资金来源的比重，它反映企业总的负债水平。其计算公式为：

负债占负债及所有者权益总额的比重=负债总额/（负债总额+所有者权益总额）×100%

企业负债占全部资金来源之比的高低由于行业的不同而差别较大。它既反映企业使用自有资金吸收和利用外部资金的情况，同时也反映对债权人资金偿还的保障程度。

获利能力是否增强要看企业自有资金利润率变化情况。如果企业自有资金利润率较高，高于银行长期贷款利率，说明企业产品盈利能力较强；获得贷款杠杆资金可以追求更高目标的商业利益。如果企业产品利润率较低，企业承受不借款利息负担，企业将很快陷入困境，现金流被慢慢抽干。

表 1-8　企业资金利润率区别

优秀企业	万科、华润置地、华为	资金利润率高于贷款利率，通过借入银行资金，创造更多价值
劣质企业	小型钢厂、煤炭公司	资金利润率远低于贷款利率，维持尚且困难，银行应坚决退出

负债占全部资金来源之比较高或升高有可能出现以下两种情况：一是企业整体债务压力上升，结构稳定性降低，破产风险增加；二是企业总资产和经营规模扩大。

对负债占全部资金来源之比的分析，也要与自有资金利润率的变化相结合，自有资金利润率升高，且大于银行长期借款利率，说明负债经营正确，企业通过负债发展扩大生产经营规模，新增生产能力所创造的利润在支付银行利息之后增加企业的实现利润；自有资金利润率降低，说明企业负债经营不理想，企业新增的利润不但没有随着投入的增加而增加，反而有所降低。

银行客户经理营销的关键步骤：

联系对方的财务负责人，“您好，我是某银行的客户经理，请问财务负责人在吗？”一般如果是银行联系，不是保险公司，对方一般不会拒绝。

电话中，一定要说“某银行的客户经理”，而不是“某银行”，我们是具体的活生生的人，而非固定资产。

一定要联系财务总监，高位切入，一开始切入点不准确，之后会很麻烦。例如，你一开始联系的就是一个财务科长，今后你只能首先联系他，通过他再转向财务总监。一旦后来你想联系其他人，对方会很反感，增加了很多工作量。不要担心见高层领导，在银行客户经理的这个岗位去见高层领导非常正常，一些中型的民营企业一定要直接见总经理。

43. 长期负债与所有者权益如何配比

长期负债与所有者权益之比，也称为负债经营率，用公式表示为：

负债经营率=长期负债总额/所有者权益总额×100%

企业长期负债率高低,与企业的行业特点和资金来源渠道、成本有很大的关系。一般来说,经营率的变化与银行长期贷款利率成反比,利率越高负债经营率越低;与企业盈利能力成正比,企业盈利能力越强,经营率普遍越高。企业经营率高低是否合适判断标准是企业要能够承担得起举债资金的成本。它主要取决于企业获利能力和银行贷款及债务资金成本。

长期经营率高低反映企业资金来源结构的独立性和稳定性,从这一角度来考虑,一般认为企业经营率在25%~35%比较合理。比率过高的企业独立性较差,过低说明企业资金的利用效率不高。

长期经营率高或升高的优点:一是企业生产经营资金增多,企业资金来源增大;二是企业利用外部资金水平提高,自有经营能力得到进一步发挥。

经营率高的缺点,一是资金成本提高,长期负债增大,利息支出提高;二是企业风险增大,一旦企业陷入经营困境,如货款收不回、流动资金不足等情况,长期负债就会变成企业的包袱。而使用自有资金,在产品利润率或市场形势恶化的情况下,就没有这种付息的压力,船小好掉头。

长期经营率低的优点:一是企业独立性强;二是企业长期资金稳定性好。但经营率低也说明,一是可能企业销售利润率低;二是虽然企业销售利润率高,自有资金利润率大于债务资金成本率,但企业却可能没有充分利用外部资金为企业创利。

44. 哪些企业应当有较多的固定资产

银行客户经理必须懂得企业的固定资产科目:

固定资产是企业资产的一个重要组成部分,它的价值高低,反映企业生产规模及生产能力的大小。与流动资产相比,它的主要特征有:一是使用年限长。固定资产的,能在多个生产周期内发挥作用。二是实物形态不变。固定资产是一种有形资产,在使用过程中不会改变原有的实物形态,不因磨损而消失。三是价值逐渐转移。固定资产的价值在其使用过程中,随着自身的磨损而逐渐转移到成本费用之中，要经过多个生产周期方能得到价值补偿。

企业固定资产占全部资产的比重较高，会带来：

其一，固定资产周转缓慢，每年或每一会计年度只能收回其价值的一部分，即折旧部分。固定资产过多地占用资金，会造成营运资本严重不足的后果，以致带来企业资金周转不畅的风险。

其二，固定资产占全部资产比重过大，当市场不景气，出现销售回落时，存货、应收账款等流动资产会急剧下降，而固定资产因其固定性不能相应回落，仍将保持在较高的水平上，这将使得固定资产与流动资产占用量不相称，出现生产能力的剩余，资金利用效果下降。

在进行固定资产占全部资产的比重分析时还应注意以下几点：

第一，应将固定资产占全部资产比重的变动与销售收入、利润的变动联系起来分析。

第二，企业固定资产占全部资产的比重是否合适，应结合企业的融资进行分析。

如果企业长期融资与固定资产及长期资产相适应，说明企业固定资产及长期资产流动性或变现能力足以偿付到期的长期负债。如果固定资产及长期资产比率超出长期负债及所有者权益占总融资比率时，则意味着企业总资产结构中隐藏着使企业到期不能偿债的危险。

第三，分析企业固定资产占全部资产的比重时，应结合固定资产的净值进行。

固定资产的净值是固定资产总额减去累计折旧的数额，应考虑固定资产净值，这样可进一步考虑到公司关于折旧的会计政策及实际情况。如果固定资产占企业全部资产比重很高，但固定资产净值占企业资产的比重却很低，就需要关注企业折旧政策是否合理。

【点评】

通常都是大型的电厂、高速公路公司、大型钢厂、石化企业等工业企业有着巨量的固定资产。

而中国大部分电商都是轻资产公司，例如，阿里巴巴、美团等，仅有京东采取重资产模式。

45. 如何分析流动负债占负债及所有者权益总额之比的指标

流动负债占负债及所有者权益总额之比也称为流动负债率。其计算公式为：

流动负债占负债及所有者权益总额之比＝流动负债总额/负债及所有者权益总额×100%

该比率反映企业生产经营过程提供的资金来源占企业总资金来源的比例。企业流动负债率高或较前期上升，说明企业流动负债所占比例提高，企业的资金成本较低同时偿债风险增大。企业既要做到尽可能地无偿利用上下游企业的资金，又要保证拥有短期偿债能力，降低偿债风险。因此要对流动负债率升高的原因进行分析。

引起流动负债率上升的原因有很多，其主要原因有，一是企业业务量增大造成流动负债率提高；二是企业盈利能力降低造成流动负债率提高。

企业流动负债率低或较前期下降，说明企业短期偿债能力增强，企业偿债压力减轻，企业资金结构稳定性提高。如果企业流动负债率提高而同时实现利润增加，说明企业经营形势良好，产品适销对路或供不应求。

如果企业流动负债率提高，说明企业生产经营形势恶化，企业将发生资金困难。如果企业流动负债率和流动资产率同时下降，说明企业生产经营业务萎缩。

第二课
银行客户经理如何看懂利润表

银行客户经理必须能够看懂企业利润表,利润表是企业经营的承诺,是经营效果的反映,是企业使用社会资源的效率的集中体现,我们希望看到的是一家使用各种资源效率极高的企业。

> 能够拥有银行授信业务的企业一定是赚钱的企业。银行客户经理要找到这类企业,给这类企业提供资源,而信贷资源就是企业生存和发展最关键的资源。

1. 利润表主要反映哪些有用的信息

企业利润表主要反映以下 4 个方面的内容:

(1)构成营业利润各项要素

营业利润是企业营业收入减去为取得营业收入而发生的营业税金及附加,减去各项费用(包括销售费用、管理费用与财务费用),减去计提的各项资产减值损失,再加上期末公允价值变动损益以及投资收益后的结果。

营业利润是企业真实经营能力的反映,是银行能否提供贷款的最关键考量因素。

(2)构成利润总额(或亏损总额)的各项要素

利润总额(或亏损总额)在营业利润的基础上,加上营业外收入减去营业外支出后得出。

利润总额能拼凑,主业利润不够,靠投资收益来“拼凑”,这种企业非常危险。

(3)构成净利润(或净亏损)的各项要素

净利润(或净亏损)在利润总额(或亏损总额)的基础上,减去本期计入损益的所得税费用后得出。

2. 利润表中收入包括哪些

收入是企业在销售商品或提供劳务等经营业务中实现的营业收入,它包括基本业务收入和其他业务收入。它应当包括所有经营与非经营活动中的所得。

3. 为什么有些企业利润表中有利润,但是我们反而不能提供贷款

很多客户经理经常提到一个的问题,有些企业利润较好,但是却不能批准贷款。为什么呢?

其实,利润表中实现利润并不一定意味着有等额的现金流入,经常会出现实现利润反而没钱花的现象。原因在于利润表的编制原则是权责发生制,也就是说,将属于本期业务所获得的利润全部纳入本期,而不考虑是否在本期获得现金收入。最基础的就是,只要企业开发票,就必须确认当期收入,就要向国家纳税。

如“应收账款”“应收票据”等因销售而获得的债权，并没有使企业有实际的现金流入，但是却实际增加了企业的“主营业务收入(或其他业务收入)”，表面上看企业实现利润，但是却没有等额的现金收入。企业的现金流动情况主要反映在以收付实现制为基础而编制的现金流量表中。

我们喜欢的企业是能够制造真正现金流的企业，而不是报表体现盈利，却没有现金流的企业。

4. 利润表中的营业利润、利润总额、净利润究竟有何区别

按照利润的组成结构分别列示，不同利润项目揭示各项收入与其成本费用之间的配比关系，其反映的重点不仅在于企业最终的利润，还在于企业利润形成的过程，更有利于银行对企业利润状况的理解。

营业利润是企业利润的主要来源，它是主营利润与其他利润之和减去期间费用后的余额。营业利润不仅反映企业主营业务的获利情况，而且反映其他业务的获利能力，即反映企业拓展利润来源的能力，所以营业利润这一指标能够比较恰当地代表企业管理者的经营业绩。

利润总额是企业经营成果的综合反映，营业利润加上企业的营业外收入，减去营业外支出就得到利润总额。

净利润是利润总额减去所得税后的余额，反映企业的纳税情况和税后可分配利润的额度。净利润是企业真正经营成果的反映，这是企业可以真正用于回报股东的价值。

表 2-1 利润表说明

一、营业收入	企业经营努力的反映
—营业成本	
=营业利润	企业经营成果的反映

续表

二、营业利润+营业外收入	加上企业搞副业的收入
—营业外支出	搞副业的支出
=利润总额	企业全年的成果
—所得税支出	国家收取的费用
=净利润	企业真金白银可以向股东汇报的成果

【案例分析】

中国石油化工股份有限公司，是做石化主营的，还搞起了加油站的商业，出售矿泉水、食品等。

加油站的加油收入，为主营业务收入。

出售矿泉水、食品等收入为营业外收入。

这两块收入都需要缴纳所得税。

剩下的就是企业的净利润。

5. 利润表的格式分为哪几种？我国采用哪种利润表格式

报告式利润表格式如下：

①单步式利润表。这种格式对一切收入和费用、支出一样对待，可避免使人误认为收入与费用的配比有先后顺序。其缺点是一些有意义的中间信息，如销售毛利、营业利润、利润总额等均未直接反映，不利于不同企业或同一企业不同时期相应项目的比较。其基本格式如表 2-2 所示。

表 2-2 单步式利润表

一、收入
销售总额
其他业务利润
投资净收益
营业外收入

续表

二、费用、支出
销售折扣与转让
销售税金
所得税费用
销售成本
销售费用
管理费用
财务费用
营业外支出
三、净利润

②多步式利润表。利润表除反映收入、费用和净利润外，还反映一些分类的中间信息。其中，收入应区分为主营业务收入和非主营业务收入等。企业首先揭示来自主营业务收入的数据，然后列示其他业务收入、投资收益和营业外收入；费用按功能应区分为主营业务成本、营业费用、管理费用和财务费用。

多步式利润表是将利润表的内容进行适当分类，把利润的计算分成若干步骤，并揭示多步骤之间的关系，从而提供有关形成最终税后利润的中间信息。由于净收益（税后利润）要经过若干个步骤求得，所以称为多步式利润表。

表 2-3 利润表

编制单位： 年 月 日 （单位：元）

项 目	本期金额
一、营业收入	
减：营业成本	
营业税金及附加	
销售费用	

续表

项　目	本期金额
管理费用	
财务费用	
资产减值损失	
加:公允价值变动收益(损失以"-"号填列)	
投资收益(损失以"-"号填列)	
其中:对联营企业和合营企业的投资收益	
一、营业收入	
二、营业利润(亏损以"-"号填列)	
加:营业外收入	
减:营业外支出	
其中:非流动资产处置损失	
三、利润总额(亏损总额以"-"号填列)	
减:所得税费用	
四、净利润(净亏损以"-"号填列)	
五、每股收益	
(一)基本每股收益	
(二)稀释每股收益	

6. 利润表揭示哪些重要信息

银行客户经理要从利润表中找出企业哪些信息?

企业利润表主要可以分析出企业的努力过程、经营成果、获利能力及成果分配等多方面的信息。通过对利润表的分析可以据此对企业的经营状况有详细的了解,并且进一步了解到企业的偿债能力等信息。

(1)企业获利能力

经营获利能力都与"利润"紧密相连。

获利能力则指企业运用一定经济资源(如人力、物力)获取经营成果能力，就是指企业从销售收入中可以获得多少利润，它可通过各种相对指标予以体现，如资产收益率、净资产收益率、成本收益率以及人均收益率等。

通过当期利润表数据可反映一个企业当期的经营成果和获利能力；通过比较和分析同一企业不同时期、不同企业同一时期的收益情况，可据以评价企业经营成果的好坏和获利能力的高低，预测未来的发展趋势。

(2)企业偿债能力

偿债能力指企业以资产清偿债务的能力。

利润表本身并不能直接提供偿债能力的信息，但企业的偿债能力不仅取决于资产的流动性，也取决于企业的获利能力，特别是长期偿债能力，更是与获利能力密切相关。企业能否有充足的现金流入供偿债使用，在很大程度上取决于企业的获利能力。获利能力不强，企业资产的流动性和权益的结构必将逐步恶化，最终危及企业的偿债能力。

一个长期获利企业，股东、银行才会持续投入资源，才会有着良好的现金流入，必然保持正常长期偿债能力。通过比较、分析利润表的有关信息，可以间接地评价、预测企业的偿债能力，尤其是长期偿债能力，并揭示偿债能力的变化。

银行可据以决定维持、扩大或收缩现有信贷规模，并提出相应信贷条件。

收入项目在利润表中占据着分外重要的位置。收入主要包括主营业务收入和其他业务收入。主营业务收入是指企业在一定期间从持续的、主要或中心的业务中销售商品、提供劳务及让渡资产使用权等日常活动所产生的收入。

企业偿债能力,短期看经费现金流,长期看利润情况。

每家银行都应确立自己的商业模式,产品基本都是相同的,商业模式截然不同,行为方式就会大相径庭。例如,只是确立了中小企业为自己的营销方向,但是具体怎么做,就应当建立自己的商业模式,如开展动产融资、供应链融资等。

每个客户经理在设计授信方案的时候都应当建立自己的商业模式,有自己的构思思路。

7. 如何分析费用

银行客户经理要能够准确分析企业的财务费用,财务费用影响企业的经营效益,并一定程度上影响企业偿还银行授信。

(1)费用项目主要由营业税金及附加和期间费用构成

①营业税金及附加。营业税金及附加项目反映企业经营主要业务负担的营业税、资源税、消费税、城市维护建设税、土地增值税和教育费附加等。营业税金属于不可控外部客观因素,税额多少取决于税率高低,而税率高低是国家强制制定并执行的。

②期间费用。期间费用即企业主要经营活动中必定要发生,但与营业收入的取得并不存在明显的直接因果关系,无法或没有必要用系统而合理的方法加以摊销的费用,如企业发生的销售费用、管理费用、财务费用等。

A. 销售费用是企业销售商品过程中发生的费用,包括保险费、运输费、装卸费、包装费、展览费和广告费,以及由销售本企业商品而专设的销售机构(含销售网点、售后服务网点等)的职工薪酬。商品流通企业在购买商品过程中发生的运输费、保险费、装卸费、包装费、运输途中的合理损耗和入库前的挑选整理费等。

B. 管理费用是企业为组织和管理企业生产经营所发生的费用,包括公司经费(包括行政管理部门职工工资、修理费、物料消耗、办公费和差旅费等)、印花税、工会经费、董事会费(包括董事会成员津贴、会议费和差旅费等)、聘请中介机构费、咨询费、劳动保险费、诉讼费、技术转让费、业务招待费、房产税、车船税、土地使用税、存货盘亏或盘盈(不包括应计入营业外支出的存货损失)、计提的坏账准备和存货跌价准备等。

C. 财务费用是企业为筹集生产经营所需资金而发生的费用,包括利息支出(减利息收入)、汇兑损失(减汇兑收益)以及相关的手续费等。为购建固定资产的专门借款所发生的借款费用,在固定资产达到预定可使用状态前按规定应予资本化的部分,不包括在财务费用内。

管理费用大头是二资,财务费用大头是利息支出,其他占比很小。

(2)分析利用费用项目中的会计信息,主要从分析利用期间费用入手

这些期间费用除部分销售费用外,企业期间费用大部分是固定费用,在一定期间内不随业务量改变而改变。

销售费用分析:

A. 销售过程中的运输费、装卸费、包装费、保险费等是企业对客户提供产品时的附加服务,它虽然耗费企业资源,但是企业提高对客户服务质量不可减少费用,通常属于变动成本,与企业销售量的变动成正比。

B. 广告费支出是拓展产品市场、提高产品知名度的一种手段,相应的可以增加企业营业收入。

C. 专设销售机构的费用通常随企业营业规模的扩大而呈阶梯状上升。专设的销售机构可以使企业更好地开拓不同地区的市场,扩大企业在该地区的销售量。

管理费用分析:

管理费用是企业为组织和管理生产经营所发生的费用,它包括行政管理费用、维持经营能力的费用等,以及承担社会责任的费用,如工会经费、待

业保险费、劳动保险费、除营业税和所得税外的其他税费等。

A. 管理费用通常与企业经营业务量的多少没有直接关系,更趋向于固定费用性质,即管理费用不随业务量的变动而成比例变动。所以,对其更应从总额变动的角度进行分析。

B. 维持经营能力的费用中,无形资产及长期待摊费用的摊销以及坏账准备的提取金额,受企业会计政策的影响很大。在无形资产及长期待摊费用以及应收账款金额既定的情况下,这部分摊销金额和坏账准备金额的大小取决于企业制定的摊销年限和提取比例,通过改变摊销年限和提取比例降低这部分费用虽能使企业账面利润得到改观,并不能说明企业费用降低的业绩,分析时应格外注意。

财务费用分析:

财务费用是企业为筹集资金等而发生的费用,它包括利息收入、汇兑损失和相关的手续费。财务费用是企业筹资活动和闲置资金利用效果的反映。财务费用的高低主要取决于企业的筹资决策,即资金来源中负债比例、长短期债务安排的。短期负债越多,财务费用越高;短期负债越少,财务费用越低。

A. 利息费用的分析主要用于判断企业财务风险的大小,可以通过计算利息保障倍数、企业财务杠杆系数等指标进行分析。

B. 利息收入是企业的一项收入,它是企业将闲置资金存入银行所得到的利息。通常情况下,银行存款利息率应远远低于企业的投资收益率,因此除保持流动性必要的现金外,将资金过多地存于银行说明企业资金运用效率低下。

第三课
如何看现金流量表

企业的资产和收入对银行而言没有太大意义，银行最关心的是企业的现金流，银行服务企业的现金流量是否足够大。

所以，每个客户经理必须精通现金流量表反映的信息。

企业的存款不在资产负债表中而是在现金流量表中，企业还款能力也反映在现金流量表中。

1. 现金流量表在信贷业务中的作用

现金流量表是反映企业现金流量情况的报表，它反映出企业在一定会计期间内有关现金和现金等价物的流入和流出信息。归还银行贷款和兑付银行承兑汇票需要真金白银的现金，所以银行需要分析企业的现金流量表。如果说资产负债表是表面的荣华富贵，那现金流量表是真金白银的家底。

(1)现金流量表的作用

①现金流量表能够说明企业一定时期内现金流入和现金流出的原因,银行找出企业的真正实力,便于银行的信贷决策。

②现金流量表能够说明企业的偿债能力、支付能力和周转能力,获利情况一般通过利润表来反映,但是企业一定时期获取利润并不代表企业有偿债或支付的能力。有时利润表上的利润实现较乐观,但财务困难,不能偿还到期债务;有时利润表上的利润实现并不乐观,但却有足够的偿债能力。

③现金流量表能够分析企业未来获取现金和现金等价物的能力,并预测企业未来的现金流量,正确评估企业价值。

(2)现金流量表的内容

现金流量表首先要对企业各项经济业务产生或运用的现金流量进行合理的分类,通常按照企业的经营业务将企业一定期间内产生的现金流量归为经营活动产生的现金流量、投资活动产生的现金流量和筹资活动产生的现金流量等。

①经营活动产生的现金流量。

经营活动是指企业投资活动和筹资活动以外的所有交易和事项,包括销售商品或提供劳务、购买货物、销售产品等。经营活动产生的现金流量是企业通过运用所拥有或控制的资产创造的现金流量,主要是与企业净利润有关的现金流量。

通过现金流量表中反映的经营活动产生的现金流入和流出,可以说明企业经营活动对现金流入和流出净额的影响程度,分析经营活动的各项现金流入与流出及其发展趋势,可以反映企业从事经营活动获取现金的能力以及偿还债务的能力。

②投资活动产生的现金流量。

投资活动是指企业长期资产的购建和不包括在现金等价物范围内的投资及其处置活动。这里的长期资产是指无形资产、固定资产、在建工程、其他资产等持有期限在一年或一个营业周期以上的资产。投资活动主要包括取得或收回投资、购建和处置固定资产、无形资产和其他长期资产等。

通过现金流量表中反映的投资活动现金流量的流入和流出，可以说明投资活动对企业现金流量的影响程度，分析投资活动的各项现金流入与流出及其发展趋势，可以反映企业从事投资活动获取现金的能力。

③筹资活动产生的现金流量。筹资活动是指企业向债权人筹集资金的活动，如发行债券、向金融企业借入款项、偿还债务等以及企业向银行客户经理筹集资金的活动，如发行股票、吸收投资、分配利润等。

企业向债权人筹集资金，包括企业从银行和其他金融机构等借入和偿还的短期与长期借款，以及借款利息的形成与支付，企业发行短期和长期应付债券、债券计息及债券的还本付息活动，应付引进设备款和融资租入固定资产所支付的引进设备款和融资租赁费，以及企业为获得现金签发的应付票据。以现金支付的筹资利息，无论是作为收益性支出（财务费用）还是原来已作为资本性支出（长期借款），亦属于借款活动的范畴。

表 3-1 企业分析

好企业	经营活动净现金流	投资活动净现金流	筹资活动净现金流
好企业	正	小负	小正
一般企业	0	负	正
差企业	负	大负	大正

2. 现金流量表与资产负债表、利润表交叉验证来综合分析来验证企业的真实经营状况

现金流量表与资产负债表、利润表是企业的 3 张重要报表，但三者之间不是独立的，它们有着互相钩稽的关系，现金流量表可以弥补资产负债表和利润表的不足。

资产负债表反映企业在某一特定日期的财务状况，该表可以提供企业

某一特定日期资产或负债的总额及其结构,表明企业拥有或控制的资源及其分布情况,企业未来需要用多少资产或劳务清偿债务以及清偿时间。同时,它还可以反映所有者所拥有的权益,据以判断资本保值增值的情况以及对负债的保障程度。但是它不能说明一个企业的资产、负债、所有者权益为什么发生变化。

利润表是反映企业在一定会计期间经营成果的报表。利润表可以提供企业一定会计期间的收入实现情况和费用耗费情况,从而反映企业生产经营活动的成果。利润表中有关营业收入和营业成本等信息说明经营活动对财务状况的影响,一定程度上说明财务状况变动的原因。但是由于利润表是按照权责发生制原则确认和计量收入与费用的,因此它不能提供经营活动引起的现金流入和现金流出的信息,不能反映收入的质量。

现金流量表可以弥补二者的缺陷,并且能够说明企业资产负债表上资产、负债和权益的变化及原因,也能够说明利润表上利润总额与净利润的变化及原因,它是连接资产负债表与利润表的纽带,起着补充、说明和桥梁的作用。

资产负债表——→资源多少
利润表——→结果怎样
现金流量表——→真实程度

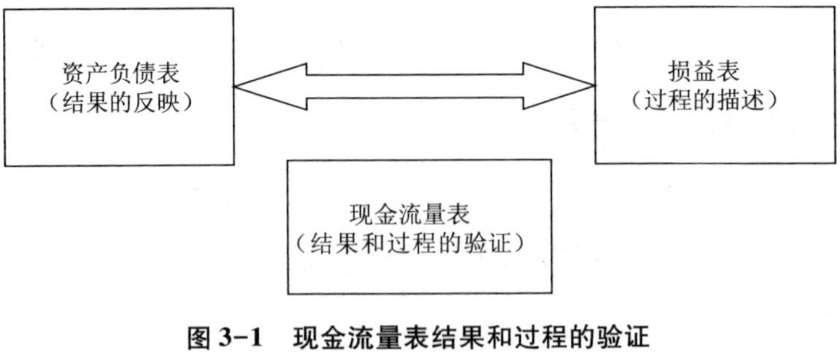

图 3-1　现金流量表结果和过程的验证

现金流量表是连接资产负债表和利润表的桥梁,它可直接通过钩稽关系体现出来。其一,资产负债表中的"货币资金期末余额-期初余额"与现金流量表中的"现金及现金等价物净增加额"相等;其二,利润表中的"净利润+调节项目"与现金流量表补充资料中的"经营活动产生的现金流量"相等。表现在:

经营活动现金净流量=本期净利润+不减少现金的经营性费用
+不减少现金的非经营性费用
+非现金流动资产的减少+流动负债的增加

我们要明白3张报表之间的钩稽关系,检查会计报表的正确性,考虑到现金流量表编制的复杂性,因此,在阅读和分析现金流量时,应避免与资产负债表和利润表割裂开来。

3. 现金流量表中反映哪些有用的信息

银行客户经理必须精通现金流量表反映的信息。

现金流量表是反映企业现金流量情况的报表,反映出企业一定会计期间内有关现金和现金等价物的流入和流出。现金流量表提供以下5个方面的会计信息:

(1)企业一定期间内现金流入和流出情况及原因

现金流量是某一段时期内企业现金流入和流出的数量,如企业销售商品、提供劳务、出售固定资产、向银行借款等取得现金,形成企业的现金流入;购买原材料、对外投资、接受劳务、购建固定资产、偿还债务等而支付现金等,形成企业的现金流出。

企业将产品销售出去,并及时收回货款。企业主业之外经营也是赚取利润的渠道,那么企业除经营活动以外,所从事投资和筹资活动同样影响着现金流量,从而影响财务状况。如果企业进行投资,而没能取得相应的现金回报,就会对企业的财务状况(如流动性、偿债能力)产生负面影响。从企业的现金流量情况可以大致判断其经营周转是否顺畅。

良好经营的企业一定是经营现金流不断增加。

(2)企业偿债能力和支付股利的能力

企业一定期间内获得利润并不代表企业真正具有偿债或支付能力。在某些情况下,虽然企业利润表上反映的经营业绩很可观,但财务困难,不能偿还到期债务;还有些企业虽然利润表上反映的经营成果并不乐观,但却有足够的偿付能力。

现金流量表完全以现金收支为基础,通过现金流量表能够了解企业现金流入的构成,分析企业偿债和支付股利的能力,增强银行信心。

(3)企业未来获取现金的能力

现金流量表经营活动产生的现金流量,代表企业运用其资产资源创造现金流的能力,便于分析一定期间内产生净利润与经营活动产生现金流差异;投资活动产生现金流,代表企业运用资金产生现金流量的能力;筹资活动产生现金流,代表企业筹资获得现金的能力。通过现金流量表及其他财务信息,可以分析企业未来获取或支付现金能力。如企业通过银行借款筹得资金,从本期现金流量表中反映为现金流入,但却意味着未来偿还借款时要流出现金。

(4)企业投资和理财活动对经营成果和财务状况的影响

资产负债表能够提供企业某一特定日期的财务状况,它所提供的静态信息,并不能反映财务状况变动原因,也不能表明这些资产、负债给企业带来多少现金,又支付多少现金;利润表反映企业一定期间的经营成果,提供动态信息,但利润表只能反映利润构成,也不能反映经营活动、投资和筹资活动给企业带来多少现金,又支付多少现金,而且利润表不能反映投资和筹资活动的全部事项。现金流量表提供一定时期的现金流入和流出信息,表明企业在报告期内由经营活动、投资和筹资活动获得现金,企业获得的这些现金是如何运用的,能够说明资产、负债、净资产变动的原因,对资产负债表和利润表起到补充说明的作用,现金流量表是连接资产负债表和利润表的桥梁。

资产质量极佳将带来充沛优质的现金流;充沛优质现金流又会给企业创造真实可靠的利润。

4. 现金流量表的分析要点

银行要高度重视现金流量表,现金流量表共分为以下5项:

前3项为企业的经营活动、投资活动和筹资活动产生的现金流量。在这3个项目中,分别按照各项活动引起的现金流入、流出的原因划分为若干小的项目,如"销售商品、提供劳务支付的现金""购买商品、接受劳务支付的现金"等,并将各个小项目的"现金流入小计"减去"现金流出小计",即等于该项活动所产生的现金流量净额。

第四项为"汇率变动对现金的影响",它反映企业持有的外币现金由于汇率变动而产生的对折算为人民币金额的影响数;

第五项为"现金及现金等价物的净增加额",它等于前4个项目相加之和,即:

现金及现金等价物净增加额=经营活动产生的现金流量净额
+投资活动产生的现金流量净额
+筹资活动产生的现金流量净额
+汇率变动对现金的影响

第五项数字应当与补充资料第三部分"现金及现金等价物净增加情况"的数字相等。

补充资料

①将净利润调节为经营活动的现金流量。企业应在报表附注中,通过债权债务的变动、存货的变动、应计及递延项目、投资和筹资现金流量相关的收益和费用项目,将净利润调整到经营活动产生的现金流量。

调整公式为:

经营活动产生现金流量净额=净利润+计提的资产减值准备
+固定资产折旧+无形资产摊销
+长期待摊费用摊销
+待摊费用减少(减:增加)
+预提费用增加(减:减少)
+处置固定资产、无形资产和其他
长期资产的损失(减:收益)
+固定资产报废损失+财务费用
+投资损失(减:收益)+递延税款贷项
(减:借项)+存货的减少(减:增加)
+经营性应收项目的减少(减:增加)
+经营性应付项目的增加(减:减少)
+其他

②不涉及现金收支投资和筹资活动。一定期间内影响资产或负债但不形成该期现金收支的所有投资和筹资活动的信息,应在报表中附注披露。这些投资和筹资活动虽然不涉及现金收支,但对以后各期的现金流量有重大影响。如融资租赁设备,记入“长期应付款”科目,当期并不支付设备款和租金,但以后各期必须为此支付现金,从而在一定期间内形成一项固定的现金支出。

不涉及现金收支投资和筹资活动的业务主要有以固定资产偿还债务、以对外投资偿还债务、以固定资产进行长期投资、以存货偿还债务、融资租赁固定资产和接受捐赠非现金资产等。

③现金流量净增加额。应在报表附注中提供“现金及现金等价物净增加额”信息,这是通过对现金、银行存款、其他货币资金等项以及现金等价物的期末余额与期初余额比较得来的。

“现金、银行存款、其他货币资金”等项应是指符合“现金”定义的现金、银行存款、其他货币资金，不能随时用于支付的存款，应当作为投资处理。附注中的“现金及现金等价物净增加额”与现金流量表中最后一项“五、现金及现金等价物净增加额”存在钩稽关系，即金额相等。

表 3-2 现金流量表

编制单位： 年度 （单位：元）

项 目	本年金额	上年金额
一、经营活动产生的现金流量：		
销售商品、提供劳务收到的现金		
收到的税费返还		
收到其他与经营活动有关的现金		
经营活动现金流入小计		
购买商品、接受劳务支付的现金		
支付给职工以及为职工支付的现金		
支付的各项税费		
支付其他与经营活动有关的现金		
经营活动现金流出小计		
经营活动产生的现金流量净额		
二、投资活动产生的现金流量：		
收回投资收到的现金		
取得投资收益收到的现金		
处置固定资产、无形资产和其他长期资产收回的现金净额		
处置子公司及其他营业单位收到的现金净额		
收到其他与投资活动有关的现金		
投资活动现金流入小计		
购建固定资产、无形资产和其他长期资产支付的现金		
投资支付的现金		
取得子公司及其他营业单位支付的现金净额		

续表

项　目	本年金额	上年金额
支付其他与投资活动有关的现金		
投资活动现金流出小计		
投资活动产生的现金流量净额		
三、筹资活动产生的现金流量:		
吸收投资收到的现金		
取得借款收到的现金		
收到其他与筹资活动有关的现金		
筹资活动现金流入小计		
偿还债务支付的现金		
分配股利、利润或偿还利息支付的现金		
支付其他与筹资活动有关的现金		
筹资活动现金流出小计		
筹资活动产生的现金流量净额		
四、汇率变动对现金及现金等价物的影响		
五、现金及现金等价物净增加额		
加:期初现金及现金等价物余额		
六、期末现金及现金等价物余额		
补充资料	本期金额	上期金额
1. 将净利润调节为经营活动现金流量:		
净利润		
加:资产减值准备		
固定资产折旧、油气资产折耗、生产性生物资产折旧		
无形资产摊销		
长期待摊费用摊销		
处置固定资产、无形资产和其他长期资产的损失(收益以“-”号填列)		
固定资产报废损失(收益以“-”号填列)		

续表

项　目	本年金额	上年金额
公允价值变动损失(收益以“-”号填列)		
财务费用(收益以“-”号填列)		
投资损失(收益以“-”号填列)		
递延所得税资产减少(增加以“-”号填列)		
递延所得税负债增加(减少以“-”号填列)		
存货的减少(增加以“-”号填列)		
经营性应收项目的减少(增加以“-”号填列)		
经营性应付项目的增加(减少以“-”号填列)		
其他		
经营活动产生的现金流量净额		
1. 不涉及现金收支的重大投资和筹资活动:		
债务转为资本		
一年内到期的可转换公司债券		
融资租入固定资产		
2. 现金及现金等价物净变动情况:		
现金的期末余额		
减:现金的期初余额		
加:现金等价物的期末余额		
减:现金等价物的期初余额		
现金及现金等价物净增加额		

5. 现金流量表现金包括哪些项目

现金流量表以现金为基础编制,划分为经营活动、投资活动和筹资活动,按照收付实现制原则编制,将企业现金流的信息进行全面反映。

现金是指企业库存现金以及可以随时用于支付的存款。不能随时用于支付的存款不属于现金。现金主要包括:

①库存现金。库存现金是指企业持有可随时用于支付的现金,与“现金”科目的核算内容一致。

②其他货币资金。其他货币资金是指存放在金融机构的存款、银行汇票存款、银行本票存款、银行保函存款、信用证保证金存款。

6. 如何分析与利用经营活动产生现金流

(1)分析与利用“销售商品、提供劳务收到的现金”会计信息

“销售商品、提供劳务收到的现金”项目反映企业销售商品、提供劳务实际收到的现金(含销售收入和应向购买者收取的增值税额),它包括本期销售商品、提供劳务收到的现金,以及前期销售和前期提供劳务本期收到现金和本期预收账款,扣除本期退回本期销售的商品和前期销售本期退回的商品支付现金。企业销售材料和代购代销业务收到的现金,也在本项目反映。

本期“主营业务收入”和“其他业务收入”科目反映的销售商品、提供劳务所取得的收入并不是企业本期实际的现金收入,在销售实现但尚未收到款项时,按照权责发生制原则确认收入,并记入“应收账款”或“应收票据”科目。

本期销售而增加的应收账款和应收票据,表明销售实现的收入并没有收到现金,如果本期应收账款和应收票据减少,通常表明本期收回应收账款和应收票据,有现金流入。

销售商品、提供劳务收到的现金计算方法为:

销售商品、提供劳务收到的现金=营业收入+本期发生的增值税销项税额
+应收账款(期初余额-期末余额)
(不扣除坏账准备)+应收票据
(期初余额-期末余额)+预收款项项目
(期末余额-期初余额)-本期由于收到
非现金资产抵债减少的应收账款、

应收票据的金额-本期发生的现金折扣
-本期发生的票据贴现利息(不附追索权)
+收到的带息票据的利息
±其他特殊调整业务

企业对外销售商品与提供劳务带来的现金流入,收现比例越高,现金流量的质量越好。

(2)分析与利用“购买商品、接受劳务支付的现金”项目的会计信息

“购买商品、接受劳务支付的现金”项目包括当期购买商品、接受劳务支付的现金,当期支付的前期购买商品的应付款以及为购买商品而预付的现金等。本期发生的购货退回收到的现金应该从本项目中扣除。

企业当期购买商品、接受劳务支付的现金可通过以下公式计算得出:

购买商品、接受劳务支付的现金=营业成本+存货项目(期末余额
-期初余额)(不扣除存货跌价准备)
+本期发生的增值税进项税额
+应付账款项目(期初余额
-期末余额)+应付票据项目
(期初余额-期末余额)
+预付款项项目(期末余额
-期初余额)-本期以非现金资产
抵债减少的应付账款、应付票据的
金额+本期支付的应付票据的利息
-本期取得的现金折扣
+本期毁损的外购商品成本
-本期销售产品成本和期末存货中
产品成本中所包含的不属于购买
商品、接受劳务支付现金的费用

(如未支付的工资、职工福利费和
制造费用中除材料以外的其他费用)
±其他特殊调整业务

(3)分析与利用“支付给职工以及为职工支付的现金”项目的会计信息

“支付给职工以及为职工支付的现金”项目反映企业实际支付给职工以及为职工支付的现金。它包括本期实际支付给职工的工资、奖金、各种津贴和补贴,为职工支付的养老、企业为职工支付的商业保险金、失业等社会保险基金、补充养老保险、住房公积金、支付给职工的住房困难补助,以及企业支付给职工或为职工支付的福利费用等。

在建工程人员的工资、奖金以及企业为在建工程人员支付的养老、失业等社会保险基金、补充养老保险、住房公积金、支付给在建工程人员的住房困难补助,以及企业支付给在建工程人员或为在建工程人员支付的其他福利费用等应在“购建固定资产、无形资产和其他长期资产所支付的现金”项目中反映。

支付给退休人员的各项费用,包括支付的统筹退休金以及为参加统筹的退休人员的费用,在“支付的其他与经营活动有关的现金”项目中反映。

(4)分析与利用“支付的各项税费”项目的会计信息

“支付的各项税费”项目反映企业按规定支付的各种税费,它包括本期发生并支付的税费,以及本期支付以前各期发生的税费和预交的税金,这些税种除所得税、增值税外,还包括以下7种税费:

①教育费附加。国家为发展我国的教育事业,提高人民的文化素质而征收的一项费用。这项费用按照企业缴纳流转税的一定比例计算,并与流转税一起缴纳。

②矿产资源补偿费。国家对在我国境内开采矿产品或者生产盐的单位和个人征收的税种,按照应税产品的课税数量和规定的单位税额计算。

③印花税。对经济活动和经济交往中书立、使用、领受具有法律效力的

凭证的单位和个人征收的一种税。

④房产税。以房屋为征税对象,依据房产价格或房产租金收入向房产所有人或经营人征收的一种财产税。

⑤土地增值税。对转让国有土地使用权、地上建筑物及其附着物并取得收入的单位和个人,就其转让房地产所取得的增值额征收的一种税。

⑥车船税。国家对行驶于境内公共道路的车辆和航行于境内河流、湖泊或者领海的船舶,依法征收的一种税。

⑦营业税。对在我国境内提供应税劳务、转让无形资产或者销售不动产的单位和个人征收的一种税。

(5)分析与利用“收到的其他与经营活动有关的现金”项目的会计信息

“收到的其他与经营活动有关的现金”项目是对前述经营活动产生的现金流入各项目的补充。前面已经提到“销售商品、提供劳务收到的现金”“收到的税费返还”两个项目,“收到的其他与经营活动有关的现金”则包括:

①企业收到的罚款收入。

②属于流动资产的现金赔款收入。

③经营租赁的租金和押金收入。

④银行存款的利息收入。

⑤其他与经营活动有关的现金流入。

7. 如何分析筹资活动所产生的现金流

(1)分析“吸收投资收到的现金”

本项目反映企业以发行股票、债券等方式筹集资金实际收到的款项净额(发行收入减去支付的佣金等发行费用后的净额)。

以发行股票、债券等方式筹集资金而由企业直接支付的审计、咨询等费用,不在本项目中反映,而在“支付的其他与筹资活动有关的现金”项目中反映。

(2)分析“取得借款收到的现金”

本项目反映企业本期实际借入短期借款、长期借款所收到的现金,但本期偿还借款支付的现金不能从本项目中扣除。

(3)分析“收到的其他与筹资活动有关的现金”

“收到的其他与筹资活动有关的现金”项目反映企业除上述各项目外,收到的其他与筹资活动有关的现金,如接受现金捐赠等。

(4)分析“偿还债务支付的现金”

本项目反映企业以现金偿还短期借款、长期借款和应付债券的本金。该项目不包括偿还的借款利息、债券利息。

> 票据的优势是融资成本低,缺点是期限太短。所以,使用定向贷款弥补。贷款的优势是使用方便,缺点是成本太高。

8. 如何分析投资活动所产生的现金

(1)分析“收回投资所收到的现金”

“收回投资所收到的现金”项目反映企业出售、转让或到期收回除现金等价物以外的交易性金融资产、可供出售金融资产、长期股权投资(除处置子公司及其他营业单位外)以及收回持有至到期投资本金而收到的现金。

企业收回的投资款项中包括两部分内容:一是投资本金;二是投资收益。除投资本金在本项目中反映外,与投资本金一起收回的投资收益应在取得投资收益所收到的现金项目中反映。

(2)分析“取得投资收益所收到的现金”

“取得投资收益所收到的现金”项目反映企业因各种投资收到的现金股利、利润和利息等,该项目反映的内容一部分是有关股权性质的投资,包括企业因股权性投资而分得的现金股利,但不包括股票股利,因为股票股利不派发现金;另一部分是有关债权性质的投资,包括企业债券、金融债券、国库券获得的现金利息收入。现金等价物范围内的债券投资的利息收入也在本项目中反映。很多公司主业非常弱,外润主要靠投资收益,这类公司一定要慎重。

(3)分析处置固定资产、无形资产和其他长期资产而收到的现金净额

本项目反映处置固定资产、无形资产和其他长期资产所取得的现金,扣除为处置这些资产而支付的有关费用后的净额。本项目还包括固定资产报废、毁损的变卖收益以及遭受灾害而收到的保险赔偿收入等。

(4)分析"购建固定资产、无形资产和其他长期资产所支付的现金"

企业为购建固定资产而支付的款项包括购买机器设备所支付的现金及增值税款、建造工程支付的现金、支付在建工程人员的工资等现金支出。购买无形资产所支付的现金,包括企业购入或自创取得各种无形资产的实际现金支出。

购建固定资产项目中,不包括融资租赁租入固定资产所支付的租金。融资租入固定资产所支付的租金,应在筹资活动的现金流量中反映。企业以分期付款方式购建的固定资产,其首次付款支付的现金作为投资活动的现金流出,以后各期支付的现金作为筹资活动的现金流出。

9. 如何对现金流量表进行分析

(1)现金流量表趋势分析

现金流量表趋势分析是指通过观察连续数期的财务报表,比较各期的有关项目金额,分析某些指标的增减变动情况,在此基础上判断发展趋势,从而对未来可能出现的结果做出预测的一种分析方法。运用趋势分析可以了解公司的现金流入、流出的基本趋势及其变动情况,以对公司的未来发展做出预测,好公司一定是现金流量越来越充沛。

(2)现金流量表质量分析

现金流量质量是指企业的现金流量能够按照企业的预期目标进行运转的质量。

具有较好质量的现金流量应当具有如下两个特征:

第一,企业现金流量的状态应当与企业的销售收入变动高度相关,且现金流入的数量和质量大于早于销售收入;

第二,企业经营活动的现金流量应当与企业经营活动所对应的利润有一定的对应关系,并能为企业的扩张提供现金流量的支持。

现金流量表是以现金收付制为基础编制的,对现金流量的质量分析主要从各种活动引起的现金流量的变化去分析。

①经营活动现金流量的变化结果与变化过程的关系。

不管是采用直接法还是采用间接法编制现金流量表,均会确定出当期现金流量净增加额。对任何一个企业而言,现金流量净增加额可能会出现的情况有:一是“现金流量净增加额”大于零,表现为期末现金大于期初现金流量;二是“现金流量净增加额”小于零,即期末现金小于期初现金流量;三是“现金流量净增加额”等于零,即企业期末与期初现金状况相同。同样,在各类活动的现金流量变化方面,也存在着上述3种对应关系。

A. 经营活动产生的现金流量小于零。经营活动产生的现金流量小于零,意味着企业通过正常的商品购、产、销所带来的现金流入量,不足以支付因上述经营活动而引起的货币流出。

在企业开始从事经营活动的初期经营活动现金流量小于零,这是企业在发展过程中不可避免的正常状态。

B. 经营活动产生现金流量等于零。经营活动产生的现金流量等于零,意味着企业通过正常的商品购、产、销所带来的流入量,恰好能支付因上述经营活动而引起的货币流出,企业的经营活动现金流量处于“收支平衡”的状态。企业正常经营活动不需要额外补充流动资金,企业的经营活动也不能为企业的投资活动以及融资活动贡献现金。在企业的成本消耗中,有相当一部分属于按照权责发生制原则的要求而确认的摊销成本(如无形资产、递延资产摊销、固定资产折旧等)和应计成本(如对预提费用的处理等),通称为非现金消耗性成本。显然,在经营活动产生现金流量等于零时,企业经营活动产生的现金流量是不可能为这部分非现金消耗性成本的资源消耗提供货币补偿的。从长期来看,经营活动产生的现金流量等于零状态,根本不可能维持企业经营活动"简单再生产"。如果企业在正常生产经营期间持续出现这种状态,企业将会非常危险。

C. 经营活动现金流量大于零。经营活动产生的现金流量大于零,说明在补偿当期的非现金消耗性成本后有剩余,意味着企业通过正常的商品购、产、销所带来的现金流入量,不但能够支付因经营活动而引起的货币流出,补偿全部当期的非现金消耗性成本,而且还有余力为投资活动提供现金支持。此时企业经营活动产生的现金流量已经处于良好的运转状态。

②投资活动现金流量的变化结果与变化过程的关系。

A. 投资活动产生的现金流量小于零。投资活动产生的现金流量小于零,意味着企业在购建固定资产、无形资产和其他长期资产、权益性投资以及债权性投资等方面所支付的现金之和大于企业在收回投资、分得股利或利润、取得债券利息收入、处置固定资产、无形资产和其他长期资产而收到的现金净额之和,处于入不敷出的状态。

B. 投资活动产生的现金流量大于或等于零。投资活动产生的现金流量大于或等于零,意味着企业在投资活动方面的现金流入量大于流出量。这种情况的发生,或者是由于企业在本会计期间的投资回收活动的规模大于投资支出的规模引起的,或者是由于企业在经营活动与筹资活动方面急需资金而不得不处理手中的长期资产以求变现等原因引起的,这时需要进行具体分析。

③筹资活动现金流变化结果与变化过程的关系。

A. 筹资活动产生现金流量大于零。

筹资活动产生现金流量大于零,意味着企业在吸收权益性投资、发行债券以及借款等方面所收到的现金之和大于企业在偿还债务、支付筹资费用、分配股利或利润、偿付利息、融资租赁所支付的现金以及减少注册资本等方面所支付的现金之和。

> 在企业经营活动现金流量小于零的条件下,企业对现金流量的需求,主要通过筹资活动来解决,关键取决于企业的筹资活动是否已经被纳入企业的发展规划,它是企业管理层以扩大投资和经营活动为目标的主动筹资行为,还是企业因投资活动和经营活动的现金流出失控企业不得已的筹资行为。

B. 筹资活动产生现金流量小于零。

筹资活动产生现金流量小于零,意味着企业在吸收权益性投资、发行债券以及借款等方面所收到的现金之和小于企业在偿还债务、支付筹资费用、分配股利或利润、偿付利息、融资租赁所支付的现金以及减少注册资本等方面所支付现金之和。这种情况的出现,或者是由于企业在本会计期间集中发生偿还债务、支付筹资费用、分配股利或利润、偿付利息、融资租赁等业务,或者是因为企业经营活动与投资活动在现金流量方面运转较好、有能力完成上述各项支付。

(3)现金流量表比率分析

①偿债能力分析。偿债能力是指公司到期偿还债务的能力。公司举债必须以能够偿还为前提,否则公司的生产经营会陷入危机。因此通过对现金流量进行分析,测定公司的偿债能力,有利于经营者做出正确的决策,有利于债权人的贷款决策。

A. 现金比率。现金比率是企业现金及现金等价物之和与企业流动负债之比。其计算公式为：

现金比率=(现金+现金等价物)/流动负债×100%

现金比率是衡量企业偿债能力特别是短期偿债能力的指标。该指标反映每元流动负债有多少现金可以用来偿还短期负债，是最直接反映偿债能力的指标，是对速动比率的补充。

对于银行来说，现金比率越高，说明企业的短期偿债能力越强；现金比率越低，说明企业的短期偿债能力越弱。对于企业来说，现金比率并不是越高越好，企业不应该也不会保持过高的现金比率，只要能够保证企业具有一定的偿债能力，防范流动的风险即可。

B. 现金对负债总额比率。现金对负债总额的比率是指现金净流量与负债总额的比率。其计算公式为：

现金对负债总额比率=现金净流量/负债总额×100%

该指标衡量企业用每年的现金净流量偿还全部债务的能力。该指标越高，偿债能力越大。该指标是偿债能力分析中常用的指标。

C. 现金对流动负债比率。现金流量负债率是指公司经营现金净流量与流动负债的比率。计算公式为：

现金流动负债率=经营活动现金净流量/流动负债×100%

该指标说明经营活动中获取的现金净额偿还短期债务的能力，在企业经营活动较为稳定、流动负债波动不大的情况下，该比率越大，说明企业经营活动偿还流动负债的能力越强。

D. 现金对流动资产比率。现金对流动资产比率是指企业现金及现金等价物之和与企业流动资产之比。其计算公式为：

现金对流动资产比率=(现金+现金等价物)/流动资产×100%

该比率是衡量企业流动资产质量的指标。非现金流动资产通常会发生变现损失，因此流动资产中现金比率较高，变现损失较小，对银行安全保证程度高,对企业经营者来说,该比率过高,表明资源闲置,应充分考虑企业资源的有效利用。

E. 到期债务本息偿付比率。到期债务本息偿付比率是企业经营活动净现金流量与本期到期债务本息之比。其计算公式为:

到期债务本息偿付比率=经营活动净现金流量/(到期债务本金+现金利息支出)×100%

该比率是衡量本年度内到期的债务本金及其相关利息支出可由经营活动所产生的现金来支付的程度。该比率如果小于1,表明企业经营活动产生的现金不足以偿付本期到期的债务本金及利息支出,企业必须对外筹资或出售资产才能偿还债务;该比率如果大于或等于1,表明企业本期到期债务能得以顺利偿还。

②获取现金能力分析。获取现金能力是指资金流入和投入资源的比值。

销售现金比率。销售现金比率是指公司经营现金流量与销售额的比率。其计算公式为:

销售现金比率=经营现金流量/销售额×100%

该比率反映每一元销售得到的净现金,其数值越大,说明公司销售获取现金的能力越强。

③支付能力分析。支付能力是指企业除用现金偿还债务外,用现金来支付其他各项开支,如购买原材料、支付职工工资、支付银行客户经理股利(利润)的开支等能力。

(4)管理效率分析

企业现金和信用的管理效率的高低可以借助现金流量表进行分析。

①现金流量对销售之比。现金流量对销售之比是指销售收到的现金与销售净收入之比。其计算公式为:

现金流量对销售之比=销售收到的现金/销售净收入

该指标体现企业销售收取价款的能力和水平。如果该指标等于 1，说明企业销货款完全被回笼；如果大于 1，说明企业不仅收取当期的销货款，而且部分地收回前欠货款。

②现金流量对应收账款之比。现金流量对应收账款之比是指现金流量与应收账款净值之比。其计算公式为：

现金流量对应收账款之比=经营活动的现金流入/应收账款净值

该指标越大，说明企业货款回收速度越快，信用管理越好。

> 企业在短期赊销后，迅速回笼资金，现金流状况极佳，这类将征各个非常值得银行深度拓展。

③现金周转率。现金周转率是指现金流入与年内现金平均持有额之比。其计算公式为

现金周转率=现金流入/年内现金平均持有额×100%

其中，年内现金平均持有额为年初与年末持有额的平均数。

该指标用于衡量企业现金的管理能力和效率，该比值越大，表明现金闲置越少，收到的现金很快被投入经营。但该指标也不宜过大，过大的比值体现企业对情况变化的应对能力较差，现金周转不灵。

第四课
如何看合并会计报表

识别合并报表是银行客户经理必须掌握的技能,集团客户越发增多的今天,我们要学会如何识别集团客户的报表,去粗取精,发现集团客户的营销规律。

对集团企业控制得当,银行会挖掘更大的宝藏;对集团控制失当,银行会陷入巨大的泥潭。

1. 如何确定合并报表的合并范围

对于大部分客户经理而言,经常对企业是怎样合并报表的,包括哪些子公司不清楚,其实非常简单。

合并会计报表合并范围应当以控制为基础加以确定。控制是指一个企业能够决定另一个企业的财务和经营政策,并能据以从另一个企业的经营活动中获取利益的权力。

中国的优质企业一般都是集团客户，旗下子公司众多，需要银行熟悉对合并报表的分析解读。

（1）母公司和子公司的定义

表 4-1 母公司和子公司定义

	定义	条件
母公司	有一个或一个以上子公司的企业	1. 必须有一个或一个以上的子公司 2. 母公司可以是企业，也可以是主体
子公司	被母公司控制的企业	1. 必须被母公司控制，并且只能由一个母公司控制，不可能也不允许被两个或多个母公司同时控制 2. 子公司可以是企业，也可以是主体

（2）合并报表的范围

①母公司拥有其半数以上的表决权的被投资单位应当纳入合并会计报表的合并范围。母公司直接或通过子公司间接拥有被投资单位半数以上的表决权，表明母公司能够控制被投资单位，应当将该被投资单位认定为子公司，纳入合并会计报表的合并范围。拥有被投资单位半数以上表决权，是母公司对其拥有控制权最明显的标志，应将其纳入合并会计报表的合并范围。

母公司拥有被投资单位半数以上的表决权，通常包括 3 种情况，即直接拥有、间接拥有、直接和间接方式合计拥有。

②母公司拥有其半数以下的表决权的被投资单位纳入合并会计报表的合并范围的情况：

A. 通过与被投资单位其他银行客户经理之间的协议，拥有被投资单位半数以上的表决权。

B. 根据公司章程或协议，有权决定被投资单位的财务和经营政策。

C. 有权任免被投资单位的董事会或类似机构的多数成员。

D. 在被投资单位董事会或类似机构占多数表决权。

判断母公司对子公司是否控制并将其纳入合并会计报表合并范围,不能仅仅根据投资比例而定,而应贯彻实质重于形式的要求。

> 客户经理要销售的金融服务方案,而不是单一产品。客户经理要像老中医开药方一样给客户开药方——授信方案。各种产品就是药材,要根据每个客户的不同情况,精心选材。老中医开了一服药,药里面有几十种成分,各种成分之间有一种平衡,如果只看重某一种成分,猛吃这个成分,很有可能适得其反。流动资金贷款就如同人参,不是越多越好。国内证和保理就如同蝎子和蜈蚣,不是越少越好,取决于每个客户的需求。商票、国内证、保理、银票、流贷等搭配形成一个“药方”最好。

2. 合并资产负债表的格式是怎样的?需要调整哪些项目

合并资产负债表的格式:

对合并资产负债表格式的了解,有助于准确快捷地分析合并资产负债表信息。合并资产负债表的格式与个别资产负债表的格式基本相同,不同的只是增加了4个项目:

①在“无形资产”项目下增加“商誉”项目。

②在“所有者权益”项目下增加“归属于母公司所有者权益合计”项目。

③在“所有者权益项目”下增加“少数股东权益”项目。

④在“未分配利润”项目之后,“归属于母公司所有者权益合计”项目之前,增加“外币报表折算差额”项目。

表 4-2 合并资产负债表

编制单位： 年 月 日 （单位：元）

资产	期末余额	年初余额	负债和所有者权益	期末余额	年初余额
流动资产：			流动负债：		
货币资金			短期借款		
结算备付金			向中央银行借款		
拆出资金			吸收存款及同业存放		
交易性金融资产			拆入资金		
应收票据			交易性金融负债		
应收账款			应付票据		
预付款项			应付账款		
应收保费			预收款项		
应收分保账款			卖出回购金融资产款		
应收分保合同准备金			应付手续费及佣金		
应收利息			应付职工薪酬		
其他应收款			应交税费		
买入返售金融资产			应付利息		
存货			其他应付款		
一年内到期的非流动资产			应付分保账款		
其他流动资产			保险合同准备金		
流动资产合计			代理买卖证券款		
			代理承销证券款		
			一年内到期的非流动负债		
			其他流动负债		
			流动负债合计		
非流动资产：			非流动负债：		

续表

资产	期末余额	年初余额	负债和所有者权益	期末余额	年初余额
发放贷款及垫款			长期借款		
可供出售金融资产			应付债券		
持有至到期投资			长期应付款		
长期应收款			专项应付款		
长期股权投资			预计负债		
投资性房地产			递延所得税负债		
固定资产			其他非流动负债		
在建工程			非流动负债合计		
工程物资			负债合计		
固定资产清理			股东权益：		
生产性生物资产			股本		
油气资产			资本公积		
无形资产			减：库存股		
开发支出			盈余公积		
商誉			一般风险准备		
长期待摊费用			未分配利润		
递延所得税资产			外币报表折算差额		
其他非流动资产			归属于母公司股东权益合计		
非流动资产合计			少数股东权益		
			股东权益合计		
资产总计			负债和股东权益总计		

3. 合并利润表的格式

合并利润表是反映母公司和子公司所形成企业集团整体，在一定期间内经营成果的会计报表。它以母公司和纳入合并范围子公司个别利润表为基础，抵消企业集团内部销售业务对个别利润表的影响后，合并各项目的数额进行编制。

（1）合并利润表的格式

合并利润表的格式在个别利润表的基础上，主要增加两个项目，即在“净利润”项目下增加“归属于母公司所有者的净利润”和“少数股东损益”两个项目，分别反映净利润中由母公司所有者享有的份额和非全资子公司当期实现的净利润中属于少数股东权益的份额。在属于同一控制下企业合并增加子公司当期合并利润表中，还应在“净利润”项目下增加“其中：被合并方在合并日以前实现的净利润”项目，用于反映同一控制下企业合并中取得的被合并方在合并当期期初至合并日实现的净利润。

表 4-3 合并利润表

编制单位： 年 月 （单位：元）

项目	本期金额	上期金额
一、营业总收入		
其中：营业收入		
利息收入		
已赚保费		
手续费及佣金收入		
二、营业总成本		
其中：营业成本		
利息支出		
手续费及佣金支出		
退保金		
赔付支出净额		
提取保险合同准备金净额		
保单红利支出		
分保费用		

续表

项目	本期金额	上期金额
营业税金及附加		
销售费用		
管理费用		
财务费用		
资产减值损失		
加:公允价值变动收益(损失以"-"号填列)		
投资收益(损失以"-"号填列)		
其中:对联营企业和合营企业的投资收益		
汇兑收益(损失以"-"号填列)		
三、营业利润(亏损以"-"号填列)		加:营业外收入
减:营业外支出		
其中:非流动资产处置损失		
四、利润总额(亏损总额以"-"号填列)		
减:所得税费用		
五、净利润(净亏损以"-"号填列)		
归属于母公司所有者的净利润		
少数股东损益		
六、每股收益:		
(一)基本每股收益		
(二)稀释每股收益		

(2)编制合并利润表时应抵销处理的项目合并利润表应当以母公司和子公司利润表为基础,在抵消母公司与子公司、子公司相互之间发生的内部交易对合并利润表的影响后,由母公司合并编制

①内部营业收入和内部营业成本项目的抵销处理。内部营业收入是指企业集团内部母公司与子公司、子公司相互之间发生商品销售(或劳务提

供,下同)活动所产生的营业收入。内部营业成本是指企业集团内部母公司与子公司、子公司相互之间发生销售商品营业成本。

在企业集团内部母公司与子公司、子公司相互之间发生内部购销交易的情况下,母公司和子公司都从自身的角度,以自身独立的会计主体进行核算反映其损益情况。从销售企业来说,以其内部销售确认当期销售收入并结转相应的销售成本,计算当期内部销售商品损益。从购买企业来说,其购进的商品可能用于对外销售,也可能是作为固定资产、工程物资、在建工程、无形资产等资产使用。在购买企业将内部购进的商品用于对外销售时,可能出现以下 3 种情况:第一种情况是内部购进的商品全部实现对外销售;第二种情况是内部购进的商品全部未实现销售,形成期末存货;第三种情况是内部购进的商品部分实现对外销售、部分形成期末存货。在购买企业将内部购进的商品作为固定资产、工程物资、在建工程、无形资产等资产使用时,则形成其固定资产、工程物资、在建工程、无形资产等资产。

对内部销售收入和内部销售成本进行抵消时,应分别不同的情况进行处理:

A. 母公司与子公司、子公司相互之间销售商品,期末全部实现对外销售。

在这种情况下,从销售企业来说,销售给企业集团内其他企业的商品与销售给企业集团外部企业的情况下的会计处理相同,即在本期确认销售收入、结转销售成本、计算销售商品损益,并在其个别利润表中反映。对于购买企业来说,一方面要确认向企业集团外部企业的销售收入,另一方面要结转销售内部购进商品的成本,在其个别利润表中分别作为营业收入和营业成本反映,并确认销售损益。

销售企业向购买企业销售该商品实现的收入属于内部销售收入,相应的,购买企业向企业集团外部企业销售该商品的销售成本则属于内部销售成本。

因此在编制合并利润表时，就必须将重复反映的内部营业收入与内部营业成本予以抵消。

B. 母公司与子公司、子公司相互之间销售商品，期末未实现对外销售而形成存货的抵销处理。

在内部购进的商品未实现对外销售的情况下，销售企业是按照一般的销售业务确认销售收入，结转销售成本，计算销售损益，并在其个别利润表中列示。在编制合并会计报表时，应当将销售企业由此确认的内部销售收入和内部销售成本予以抵消。

C. 母公司与子公司、子公司相互之间销售商品，期末部分实现对外销售、部分形成期末存货的抵销处理。

对于内部购进的商品部分实现对外销售、部分形成期末存货的情况，可以将内部购买的商品分解为两部分来理解，一部分为当期购进并全部实现对外销售；另一部分为当期购进但未实现对外销售而形成期末存货。

②购买企业内部购进商品作为固定资产、无形资产等资产使用时的抵销处理。

企业集团内母公司与子公司、子公司相互之间将自身的产品销售给其他企业作为固定资产（作为无形资产等的处理原则类似）使用的情况下，编制合并利润表时，应将销售企业由于该内部交易产生的销售收入和销售成本予以抵消，并将内部交易形成的固定资产原价中包含的未实现内部销售损益予以抵消。

③内部应收款项计提的坏账准备等减值准备的抵销处理。

编制合并资产负债表时，需要将内部应收账款与应付账款相互抵消，与此相适应，需要将内部应收账款计提的坏账准备予以抵消。

④内部投资收益（利息收入）和利息费用的抵消。

企业集团内部母公司与子公司、子公司相互之间可能发生相互提供信贷,以及相互之间持有对方债券的内部交易。在内部提供信贷的情况下提供贷款的企业(金融企业)确认利息收入,并在其利润表反映为营业收入(利息收入);而接受贷款的企业则支付利息费用,在其利润表反映为财务费用。

4. 合并现金流量表的格式是怎样的

合并现金流量表是综合反映母公司及其子公司组成的企业集团,在一定会计期间现金流入、现金流出数量以及其增减变动情况的会计报表。某些现金流量在进行抵销处理后,需站在企业集团的角度,重新对其进行分类。现金流量表要求按照收付实现制反映企业经济业务引起的现金流入和流出,采用直接法编制。

(1)合并现金流量表格式

表 4-4 合并现金流量表

编制单位: 年 月 (单位:元)

项目	本期金额	上期金额
一、经营活动产生的现金流量:		
销售商品、提供劳务收到的现金		
客户存款和同业存放款项净增加额		
向中央银行借款净增加额		
向其他金融机构拆入资金净增加额		
收到原保险合同保费取得的现金		
收到再保险业务现金净额		
保户储金及投资款净增加额		
处置交易性金融资产净增加额		
收取利息、手续费及佣金的现金		
拆入资金净增加额		
回购业务资金净增加额		
收到的税费返还		

续表

项目	本期金额	上期金额
收到其他与经营活动有关的现金		
经营活动现金流入小计		
购买商品、接受劳务支付的现金		
客户贷款及垫款净增加额		
存放中央银行和同业款项净增加额		
支付原保险合同赔付款项的现金		
支付利息、手续费及佣金的现金		
支付保单红利的现金		
支付给职工以及为职工支付的现金		
支付的各项税费		
支付其他与经营活动有关的现金		
经营活动现金流出小计		
经营活动产生的现金流量净额		
二、投资活动产生的现金流量:		
收回投资收到的现金		
取得投资收益收到的现金		
处置固定资产、无形资产和其他长期资产收回的现金净额		
处置子公司及其他营业单位收到的现金净额		
收到其他与投资活动有关的现金		
投资活动现金流入小计		
购建固定资产、无形资产和其他长期资产支付的现金		
投资支付的现金		
处置交易性金融资产净增加额		
质押贷款净增加额		
取得子公司及其他营业单位支付的现金净额		
支付其他与投资活动有关的现金		
投资活动现金流出小计		

续表

项目	本期金额	上期金额
投资活动产生的现金流量净额		
三、筹资活动产生的现金流量:		
吸收投资收到的现金		
其中:子公司吸收少数股东投资收到的现金		
取得借款收到的现金		
发行债券收到的现金		
收到其他与筹资活动有关的现金		
筹资活动现金流入小计		
偿还债务支付的现金		
分配股利、利润或偿付利息支付的现金		
其中:子公司支付给少数股东的股利、利润		
支付其他与筹资活动有关的现金		
筹资活动现金流出小计		
筹资活动产生的现金流量净额		
四、汇率变动对现金及现金等价物的影响:		
五、现金及现金等价物净增加额		
加:期初现金及现金等价物余额		
六、期末现金及现金等价物余额		

(2)编制合并现金流量表时应抵消的项目

①母公司与子公司、子公司相互之间当期以现金投资或收购股权增加的投资所产生的现金流量的抵销处理。

母公司直接以现金对子公司进行长期股权投资或以现金从子公司的其他所有者(即企业集团内的其他子公司)处收购股权,表现为母公司现金流出,在母公司个别现金流量表中作为投资活动现金流出列示。

②母公司与子公司、子公司相互之间当期取得投资收益收到的现金与分配股利、利润或偿付利息支付的现金的抵销处理。

母公司对子公司进行的长期股权投资和债权投资,在持有期间收到子公司分派的现金股利(利润)或债券利息,表现为现金流入,在母公司个别现金流量表中作为取得投资收益收到的现金列示。

③母公司与子公司、子公司相互之间以现金结算债权与债务所产生的现金流量的抵销处理。

母公司与子公司、子公司相互之间当期以现金结算应收账款或应付账款等债权与债务,表现为现金流入或现金流出,在母公司个别现金流量表中作为收到其他与经营活动有关的现金或支付其他与经营活动有关的现金列示,在子公司个别现金流量中作为支付其他与经营活动有关的现金或收到其他与经营活动有关的现金列示。

④母公司与子公司、子公司相互之间当期销售商品所产生的现金流量的抵销处理。

母公司向子公司当期销售商品(或子公司向母公司销售商品或子公司相互之间销售商品,下同)所收到的现金,表现为现金流入,在母公司个别现金流量表中作为销售商品、提供劳务收到的现金列示。子公司向母公司支付购货款,表现为现金流出,在其个别现金流量中反映为购买商品、接受劳务支付的现金。

从企业集团整体来看,这种内部商品购销现金收支,并不引起整个企业集团的现金流量的增减变动。编制合并现金流量表时,应当予以抵消。

⑤母公司与子公司、子公司相互之间处置固定资产、无形资产和其他长期资产收回的现金净额与购建固定资产、无形资产和其他长期资产支付的现金的抵销处理。

母公司向子公司处置固定资产等长期资产,表现为现金流入,在母公司个别现金流量表中作为处置固定资产、无形资产和其他长期资产收回的现金净额列示。子公司表现为现金流出,在其个别现金流量表中反映为购建固定资产、无形资产和其他长期资产支付的现金。

第五课
如何看懂项目财务报表

1. 如何分析企业会计报表附注

会计报表附注是对资产利润表、负债表、现金流量表和所有者权益变动表等报表中列示项目的文字描述或明细资料，以及对未能在这些报表中列示项目的说明等，它既是对会计报表的补充说明，也是财务会计报告的重要组成部分，是考察企业真实程度的依据或线索。

会计报表附注越详细，判断企业会计报表反映其财务状况、经营成果和现金流量情况真实程度的依据或线索就越多。

《企业会计准则第30号——财务报表列报》，规定附注一般应当按照下列顺序披露：

财务报表编制基础；遵循企业会计准则的声明；重要会计政策的说明，包括财务报表项目的计量基础和会计政策的确定依据等；重要会计估计的说明，包括下一会计期间内很可能导致资产和负债账面价值重大调整的会计估计的确定依据等;会计政策和会计估计变更以及差错更正说明;对已在资产负债表、利润表、所有者权益变动表和现金流量表中列示的重要项目的进一步说明,包括终止经营税后利润的金额及其构成情况等;或有和承诺事项、资产负债表日后非调整事项、关联方关系及其交易等需要说明的事项。

(1)披露会计报表附注的作用

会计报表附注披露的作用如下:

会计报表附注信息披露能够弥补现行财务报表信息披露的不足,进一步满足银行债贷分析的需要。不仅要求披露财务信息;还要求更多地披露非财务信息,不仅要求披露确定信息,还要求披露不确定的信息;不仅要求披露历史信息,还要求适度地披露未来信息等。

被纳入财务报表的会计信息只能是货币化的信息,对企业未来决策具有重要意义的非货币化会计信息却无法被反映,如企业的融资策略,企业管理者的业务素质和管理能力等。这些信息往往是银行判断企业盈利能力和发展前景所必需的。

(2)一般企业会计报表附注中包括的内容

①企业的基本情况。

a. 企业的注册地、组织形式和总部地址。

b. 企业的业务性质和主要经营活动。

c. 母公司以及集团最终母公司的名称。

d. 财务报告的批准报出者和财务报告批准报出日。

②财务报表的编制基础。

a. 交易性金融资产的披露格式如下：

项目	期末公允价值	年初公允价值
1. 交易性债券投资		
2. 交易性权益工具投资		
3. 指定为以公允价值计量且其变动计入当期损益的金融资产		
4. 衍生金融资产		
5. 其他		
合计		

b. 应收款项。

应收账款按账龄结构披露的格式如下：

账龄结构	期末账面余额	年初账面余额
1 年以内(含 1 年)		
1~2 年(含 2 年)		
2~3 年(含 3 年)		
3 年以上		
合计		

注：有长期应收款、应收票据、预付账款、其他应收款的，比照应收账款进行披露。

应收账款按客户类别披露的格式如下：

客户类别	期末账面余额	年初账面余额
客户 1		
客户 2		
……		
合计		

注：有预付账款、应收票据、长期应收款、其他应收款的，比照应收账款进行披露。

c. 存货。

存货的披露格式如下：

存货种类	年初账面余额	本期增加额	本期减少额	期末账面余额
1. 原材料				
2. 在产品				
3. 库存商品				
4. 周转材料				
5. 消耗性生物资产				
合计				

说明性消耗生物资产的期末实物数量，并按下列格式披露金额信息：

项目	年初账面余额	本期增加额	本期减少额	期末账面余额
一、种植业				
1.				
2.				
……				
二、畜牧养殖业				
1.				
2.				
……				
三、林业				
1.				
2.				
……				
四、水产业				
1.				
2.				
……				
合计				

存货跌价准备的披露格式如下：

存货种类	年初账面余额	本期计提额	本期减少额		期末账面余额
			转回	转销	
1. 原材料					
2. 在产品					
3. 库存商品					
4. 周转材料					
5. 消耗性生物资产					
6. 建造合同形成的资产					
……					
合计					

d. 其他流动资产的披露格式如下：

项目	期末账面价值	年初账面价值
1.		
……		
合计		

注：有长期待摊费用、其他非流动资产的，比照其他流动资产进行披露。

e. 可供出售金融资产的披露格式如下：

项目	期末公允价值	年初公允价值
1. 可供出售债券		
2. 可供出售权益工具		
3. 其他		
合计		

f. 持有至到期投资的披露格式如下：

项目	期末账面余额	年初账面余额
1.		
……		
合计		

g. 长期股权投资。

长期股权投资的披露格式如下：

被投资单位	期末账面余额	年初账面余额
1.		
……		
合计		

被投资单位由于所在国家或地区及其他方面的影响,其向投资企业转移资金的能力受到限制的,应当披露受限制的具体情况。

当期及累计未确认的投资损失金额。

h. 投资性房地产。

企业采用成本模式进行后续计量的,应当披露下列信息：

项目	年初账面余额	本期增加额	本期减少额	期末账面余额
一、原价合计				
1. 房屋、建筑物				
2. 土地使用权				
二、累计折旧或累计摊销合计				
1. 房屋、建筑物				
2. 土地使用权				
三、投资性房地产减值准备累计金额合计				
1. 房屋、建筑物				
2. 土地使用权				

续表

项目	年初账面余额	本期增加额	本期减少额	期末账面余额
四、投资性房地产账面价值合计				
1. 房屋、建筑物				
2. 土地使用权				

企业采用公允价值模式进行后续计量的，应当披露投资性房地产公允价值的确定依据及公允价值金额的增减变动情况。

如有房地产转换的，应当说明房地产转换的原因及其影响。

i. 固定资产。

固定资产的披露格式如下：

项目	年初账面余额	本期增加额	本期减少额	期末账面余额
一、原价合计				
其中：房屋、建筑物				
机器设备				
运输工具				
……				
二、累计折旧合计				
其中：房屋、建筑物				
机器设备				
运输工具				
……				
三、固定资产减值准备累计金额合计				
其中：房屋、建筑物				
机器设备				
运输工具				
……				

企业确有准备处置固定资产的，应当说明准备处置的固定资产名称、账

面价值、公允价值、预计处置费用和预计处置时间等。

j. 所有权受到限制的资产。

资产所有权受到限制的原因。

所有权受到限制的资产金额披露格式如下：

所有权受到限制的资产类别	年初账面价值	本期增加额	本期减少额	期末账面价值
一、用于担保的资产				
1.				
……				
二、其他原因造成所有权受到限制的资产				
1.				
……				
合计				

k. 交易性金融负债的披露格式如下：

项目	期末公允价值	年初公允价值
1. 发行的交易性债券		
2. 指定为以公允价值计量且其变动计入当期损益的金融负债		
3. 衍生金融负债		
4. 其他		
合计		

l. 短期借款和长期借款。

借款的披露格式如下：

项目	短期借款		长期借款	
	期末账面余额	年初账面余额	期末账面余额	年初账面余额
信用借款				
抵押借款				
质押借款				
保证借款				
合计				

对于期末逾期借款，应分别就贷款单位、借款金额、逾期时间、年利率、逾期未偿还原因和预期还款期等信息进行披露。

m. 应付债券的披露格式如下：

项目	年初账面余额	本期增加额	本期减少额	期末账面余额
1.				
……				
合计				

n. 长期应付款的披露格式如下：

项目	期末账面价值	年初账面价值
1.		
……		
合计		

o. 营业收入。

营业收入的披露格式如下：

项目	本期发生额	上期发生额
1. 主营业务收入		
2. 其他业务收入		
合计		

披露建造合同当期预计损失的原因和金额，同时按下列格式披露：

<table>
<tr><th colspan="2">合同项目</th><th>总金额</th><th>累计已发生成本</th><th>累计已确认毛利（亏损以“-”号表示）</th><th>已办理结算的价款金额</th></tr>
<tr><td rowspan="3">固定造价合同</td><td>1.</td><td></td><td></td><td></td><td></td></tr>
<tr><td>……</td><td></td><td></td><td></td><td></td></tr>
<tr><td>合计</td><td></td><td></td><td></td><td></td></tr>
<tr><td rowspan="3">成本加成合同</td><td>1.</td><td></td><td></td><td></td><td></td></tr>
<tr><td>……</td><td></td><td></td><td></td><td></td></tr>
<tr><td>合计</td><td></td><td></td><td></td><td></td></tr>
</table>

p. 投资收益。

投资收益的披露格式如下：

产生投资收益的来源	本期发生额	上期发生额
1.		
……		
合计		

按照权益法核算的长期股权投资，直接以被投资单位的账面净损益计算确认投资损益的事实及原因。

q. 资产减值损失的披露格式如下：

产生投资收益的来源	本期发生额	上期发生额
一、坏账损失		
二、存货跌价损失		
三、可供出售金融资产减值损失		
四、持有至到期投资减值损失		
五、长期股权投资减值损失		
六、投资性房地产减值损失		
七、固定资产减值损失		
八、工程物资减值损失		
九、在建工程减值损失		
十、生产性生物资产减值损失		
十一、油气资产减值损失		
十二、无形资产减值损失		
十三、商誉减值准备		
十四、其他		
合计		

r. 营业外收入的披露格式如下：

项目	本期发生额	上期发生额
1. 非流动资产处置利得合计		
其中：固定资产处置利得		
无形资产处置利得		
……		
合计		

s. 营业外支出的披露格式如下:

项目	本期发生额	上期发生额
1. 非流动资产处置损失合计		
其中:固定资产处置损失		
无形资产处置损失		
……		
合计		

t. 所得税费用:

所得税费用(收益)的组成,包括当期所得税、递延所得税。

所得税费用(收益)与会计利润的关系。

u. 企业应当披露取得政府补助的种类及金额。

v. 借款费用:

当期资本化的借款费用金额。

当期用于计算确定借款费用资本化金额的资本化率。

w. 企业合并。企业合并发生当期的期末,合并方或购买方应当按照《企业会计准则第 20 号——企业合并》第 18 条或第 19 条的相关规定进行披露。

x. 租赁:

融资租赁出租入应当说明未实现融资收益的余额,并披露与融资租赁有关的下列信息:

剩余租赁期	最低租赁收款额
1 年以内(含 1 年)	
1~2 年(含 2 年)	
2~3(含 3 年)	
3 年以上	
合计	

经营租赁出租入各类租出资产的披露格式如下：

经营租赁租出资产类别	期末账面价值	年初账面价值
1. 机器设备		
2. 运输工具		
……		
合计		

融资租赁承租人应当说明未确认融资费用的余额，并披露与融资租赁有关的下列信息：

各类租入固定资产的年初和期末原价、累计折旧额、减值准备累计金额。

以后年度将支付的最低租赁付款额的披露格式如下：

剩余租赁期	最低租赁付款额
1年以内(含1年)	
1~2年(含2年)	
2~3(含3年)	
3年以上	
合计	

对于重大的经营租赁，经营租赁承租人应当披露下列信息：

剩余租赁期	最低租赁付款额
1年以内(含1年)	
1~2年(含2年)	
2~3(含3年)	
3年以上	
合计	

披露各售后租回交易以及售后租回合同中的重要条款。

y. 终止经营的披露格式如下:

项目	本期发生额	上期发生额
一、终止经营收入		
减:终止经营费用		
二、终止经营利润总额		
减:终止经营所得税费用		
三、终止经营净利润		

z. 分部报告:

主要报告形式是业务分部的披露格式如下:

项目	××业务		××业务		……	其他		抵消		合计	
	本年	上年	本年	上年		本年	上年	本年	上年	本年	上年
一、营业收入											
其中:对外交易收入											
分部间交易收入											
二、营业费用											
三、营业利润(亏损)											
四、资产总额	—	—	—	—		—	—	—	—		
五、负债总额	—	—	—	—		—	—	—	—		
六、补充信息											
1. 折旧和摊销费用											
2. 资本性支出											
3. 折旧和摊销以外的非现金费用											

注:主要报告形式是地区分部的,比照业务分部格式进行披露。

在主要报告形式的基础上,对于次要报告形式,企业还应披露对外交易收入、分部资产总额。

(3)或有事项。

按照《企业会计准则第 13 号——或有事项》第 14 条和第 15 条的相关规定进行披露。

(4)资产负债表日后事项。

a. 每项重要的资产负债表日后非调整事项的性质、内容,及其对财务状况和经营成果的影响。无法做出估计的,应当说明原因。

b. 资产负债表日后,企业利润分配方案中拟分配的以及经审议批准宣告发放的股利或利润。

(5)关联方关系及其交易。

a. 本企业的母公司有关信息披露格式如下:

母公司名称	注册地	业务性质	注册资本

注:母公司不是本企业最终控制方的,说明最终控制方名称。母公司和最终控制方均不对外提供财务报表的,说明母公司之上与其最相近的对外提供财务报表的母公司名称。

b. 母公司对本企业的持股比例和表决权比例。

c. 本企业的子公司有关信息的披露格式如下:

子公司名称	注册地	业务性质	注册资本	本企业合计持股比例	本企业合计享有的表决权比例
1.					
……					

d. 本企业的合营企业有关信息的披露格式如下:

被投资单位名称	注册地	业务性质	注册资本	本企业持股比例	本企业在被投资单位表决权比例	期末资产总额	期末负债总额	本期营业收入总额	本期净利润
1.									
……									

注:有联营企业的,比照合营企业进行披露。

e. 本企业与关联方发生交易的,分别说明各关联方关系的性质、交易类型及交易要素。交易要素至少应当包括:

交易的金额。

未结算项目的金额、条款和条件,以及有关提供或取得担保的信息。

未结算应收项目的坏账准备金额。

定价政策。

2. 为什么要熟悉会计政策和会计估计

企业应当披露采用的重要会计政策和会计估计,不重要的会计政策和会计估计可以不披露。在披露重要会计政策和会计估计时,应当披露重要会计政策的确定依据和财务报表项目的计量基础,以及会计估计中所采用的关键假设和不确定因素。

> 银行必须了解企业做会计业务记录的基本前提,会计政策就是做会计记账的基本规则,银行通过了解规则,知道企业的会计信息的准确性,以便进行比较。

重要的会计政策

企业应当披露的重要会计政策包括:

①发出存货成本的计量,企业发出存货成本的计量是采用先进先出法,还是采用其他计量方法。

②长期股权投资的后续计量,企业对被投资单位的长期股权投资是采用成本法,还是采用权益法核算。

③投资性房地产的后续计量,企业对投资性房地产的后续计量是采用成本模式,还是公允价值模式。

④固定资产的初始计量,企业取得的固定资产初始成本是以购买价款为基础进行计量,还是以购买价款的现值为基础进行计量。

⑤生物资产的初始计量，企业为取得生物资产而产生的借款费用，应当予以资本化，还是计入当期损益。

⑥收入的确认，是指收入确认所采用的会计原则。

⑦合同收入与费用的确认，企业确认建造合同的合同收入和合同费用采用完工百分比法。

⑧借款费用的处理，是采用资本化，还是采用费用化。

冷静做人，理性做事。客户经理要冷静做人，见到客户要冷静分析，甄别是否有风险。做信贷业务，撰写授信报告、设计授信方案要理性，要实事求是。

3. 如何分析会计报表附注中的或有事项说明

(1)或有事项的定义及理解

或有事项是由过去的交易或事项形成的一种状况，其结果需通过未来不确定事项的发生或不发生予以证实。即或有事项是一种不确定的经济业务，按其预计结果可以分为或有资产和或有负债。常见的或有事项有未决诉讼或仲裁、重组义务、债务担保、产品质量保证（含产品安全保证）、承诺、亏损合同、环境污染整治等。

影响或有事项结果的不确定因素不能由企业控制。以债务担保为例，担保企业将来是否会因为提供担保而履行连带责任，企业无法控制，取决于被担保单位到期能否如期偿还债务。未决诉讼的最终结果如何，也不是企业能控制的。

(2)或有事项的特征

①客观性。客观性是指或有事项作为一种状况，是基于企业过去或者现在的事实而确认的。现存的不确定性是一种客观存在，它源于企业过去或现在的交易或事项，并有足够的事实证明其确实存在。

例如,未决诉讼虽然是正在进行中的诉讼,但它是企业因过去的经济行为而起诉其他单位或被其他单位所起诉引起的,是现存的一种状况,不是将要存在的某种状况。所以,它是客观的,而不是虚拟的,未来可能发生的自然灾害、经营亏损等事项不构成或有事项。

②不确定性。或有事项的不确定性至少包括3层含义,其一,或有事项的结果是否发生具有不确定性。例如,提供债务担保,如果债务到期,被担保方无力还款,那么担保方将负连带责任。对于担保方而言,担保事项构成其或有事项,但是最后它是否应履行连带责任,在达成担保协议时是不确定的。其二,或有事项的结果即使预期会发生,但具体发生的时间和金额具有不确定性。例如,企业因生产排污,造成周围环境污染而被起诉,一般情况下,该企业很可能败诉,但在诉讼成立前,该企业因诉讼将支出多少金额,或支出发生在什么时候,是难以确定的。其三,影响或有事项结果的不确定性因素不能由企业自己控制。

③未来判定性。或有事项的结果在或有事项发生时是难以证实的。这种不确定性的消失,需要由未来不确定事项的发生与否来证实。例如,企业为其他单位提供为期1年、金额5000万元的贷款担保,只有在债务到期被担保单位无力清偿时,担保企业才履行偿还债务的连带责任。如前例,在债务到期时,若被担保单位清偿5000万元的贷款,那么担保企业的这项或有负债就不复存在。

4. 如何理解或有事项的披露

负债包括的项目如下:

①企业对外的提供的担保;

②企业办理的进口信用证和国内信用证;

③企业办理的银行保函等。

(1)或有负债的披露

①披露原则:极小可能(0%~5%)导致经济利益流出企业的或有负债一

般不予披露。

因担保、已贴现商业承兑汇票等某些经常发生或对企业的财务状况和经营成果有较大影响的或有负债，为确保会计信息使用者获得充分和详细的信息，即使其导致经济利益流出企业的可能性极小，也应予以披露。

在企业涉及未决诉讼、未决仲裁的情况下，若充分披露未决诉讼和仲裁形成的或有负债可能会对企业的生产经营造成重大不利影响的，则企业无须披露因此而形成的或有负债，但应披露未决诉讼、未决仲裁的形成原因。

②披露内容：

A. 或有负债形成的原因。

B. 或有负债预计产生的财务影响，如果无法预计或有负债产生的财务影响，应说明理由。

C. 获得赔偿的可能性。

（2）或有负债的披露举例

A 公司因销售商品取得一张金额为 2000 万元、到期日为 180 日的商业承兑汇票。因急需资金，A 公司将所持未到期票据向开户银行申请贴现。经审核，贴现银行同意 A 公司的申请，并办理有关贴现手续。

本案例中，假如由于贴现银行到时不能收回付款时，A 公司须负有全额偿付的连带责任，从而 A 公司因应收票据贴现而承担一项现实义务，但经济利益是否很可能流出企业尚难确定。A 公司在年度会计报表附注中应披露以下或有负债的情况：

"在会计年度期间，本公司将一张未到期商业承兑汇票向开户银行进行贴现。贴现票据金额为 2000 万元，到期日为××××。商业承兑汇票到时不能获得付款时，本公司负有代为付款的义务。"

（3）因或有负债而确认的负债的披露

当或有负债是企业承担的现时义务，并且很可能导致经济利益流出企业且能可靠地计量金额时，可确认为一项负债，即预计负债。在资产负债表中,对因或有事项确认的负债(预计负债)应与其他负债项目区别开来单独反映;同时,还应在会计报表附注中对各项预计负债形成的原因及金额做相应披露,以使会计银行获得充分、详细的有关或有事项的信息。披露内容包括:

①或有负债形成的原因。

②预计产生的财务影响(如无法预计,应当说明理由)。

③获得补偿的可能性。

(4)或有资产的披露

或有资产作为一种潜在资产,不符合资产的确认条件,因而不予确认为企业的资产。只有或有资产很可能实现时,才应在会计报表附注中披露。

①披露原则。从谨慎性原则考虑,或有资产一般不应在会计报表附注中披露;但或有资产很可能(结果的可能性大于50%但小于或等于95%)给企业带来经济利益时,则应在会计报表附注中披露。

②披露内容。在进行或有资产披露时,企业应特别谨慎,不能让会计信息使用者误以为所披露的或有资产肯定会实现。企业通常只需披露或有资产的形成原因、预期对企业产生的财务影响即可。

附件

【案例 1】万科地产金融服务方案

一、产业链分析

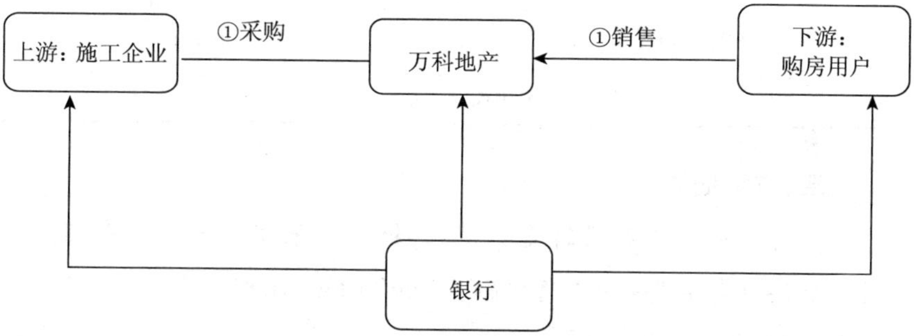

附图 1　产业链标准流程图

二、授信额度模板

北大荒有限公司					
一、授信方案					
额度类型	公开授信额度		授信方式	综合授信额度	
总授信额度（万元）	30000		期限（月）	12	
具体授信品种	在总授信额度中占比	保证金比例	是否循环	用途	贡献分析
订单融资担保	30000	40%	是	用于向上游企业支付货款	其指定的上游企业在银行办理订单融资贷款

续表

北大荒有限公司					
回购担保	30000	40%	是	用于向上游企业支付货款	其指定的下游企业在银行办理银票或贷款。能产生保证金存款和开票手续费
授信总敞口(万元)			30000		
二、担保方式及内容(无)					

三、方案描述

针对万科地产不同的交易模式,银行将采用不同的业务模式。针对上游供应商主要采用"商票融资"和"1+N"保理业务,对其下游经销商采用"按揭贷款"业务。

(一)针对上游供应商的业务模式

对万科地产与其上游供应商——施工企业,采用商票融资业务;采用赊购方式的,采用保理业务。

1. 商票融资业务

(1)由万科地产向银行推荐其上游供应商,由万科地产向上游出具商业承兑汇票。

(2)供应商凭与万科地产签订的供销合同及发票,以及商票向银行申请融资,融资方式为换开银票或保贴;换开银票保证金比例不低于银票金额的50%。

(3)到期后万科地产将应付商业承兑汇票的资金划入银行账户,直接支付到银行的指定账户上,用于偿还商业承兑汇票。银行与万科地产和供应商签署银行标准版本的三方协议。

2. "1+N"保理业务

(1)按照银行《"1+N"保理金融服务管理办法》的规定,此业务品种只能采用单一额度模式。

(2)由万科地产向银行推荐其上游供应商,银行将按照总行《"1+N"保理金融服务管理办法》的规定,同时结合经销商的市场地位和合同情况确定其担保付款额度。

(3)具体业务流程按照银行《"1+N"保理金融服务管理办法》的要求执行。

(二)针对其下游购房用户的业务模式

单一额度按揭贷款

银行向万科地产推荐的购房户提供授信定向用于向万科地产购买房产,以万科地产对购房户地提供阶段性连带责任保证作为担保措施。

(三)针对万科地产自身的授信模式

对万科地产进行流动资金贷款授信,由万科地产农业股份提供连带责任保证。

【案例2】广州万佳家居装饰广场签约商户个人助业批量授信方案

一、万佳家居装饰广场简介

(一)企业经营时间长、经营稳定、效益良好

广州万佳实业有限公司,广州万佳实业有限公司斥资3000多万元建造"广州万佳家居装饰广场"项目。广州万佳家居装饰广场占地面积28948平方米,建筑面积3万平方米,绿化面积1.5万平方米,目前万佳家居装饰广场二期正在扩建中。万佳家居装饰广场主体由三栋具有热带风情的园林庭院式购物商楼组成。开业以来逐步实现和开创了广州建材行业三个唯一:广州唯一一家实行品牌准入制的主题商场;广州唯一一家实行质量先行赔付的专业商场;广州唯一按商品功能分区经营的中高档家居建材商城,商场根据商品功能分为A、B、C、E、F五个

区域。

A 区主营卫浴、洁具、橱柜、五金、家具等。主要入驻商家有花花世界洁具、箭牌卫浴、美标卫浴、马可波罗橱柜、TOTO 卫浴、汇泰龙五金、文华神沙发、北京标致家具等。

B 区主营瓷砖、木地板、门业、文化石、楼梯、墙纸等。主要入驻商家有东鹏陶瓷、罗马利奥陶瓷、马可波罗陶瓷、圣象地板、大自然木地板、致雅木门、肯帝亚地板、唐朝楼梯等。

C 区主营瓷砖、橱柜、整体厨房、装修中心等。主要入驻商家有皮阿诺橱柜,巴巴诺整体橱柜、诺贝尔瓷砖、帝舵瓷砖、星艺装饰、恒泰装饰、北京风尚装饰。

E、F 区(即综合楼)为万佳装饰广场办公室、商户办公室和餐厅休闲区。

商场目前共有 100 个商家,已有 14 户商家将办公地点搬至万佳办公大楼,为了满足更多商户搬迁办公室的需求,万佳广场目前正在抓紧扩建中。这百户商家里 60%以上年营业额超过 500 万元,其中年营业额 5000 万元以上的商户有三家,分别是东鹏、马可波罗、罗马利奥。

(二)万佳家居装饰广场优势

万佳家居装饰广场是广州唯一一家实行品牌准入制的主题商场,目前进驻万佳家居装饰广场的商户均为省市级以上品牌代理商,这些商家无论是从品牌知名度、产品质量,还是从企业经营管理能力、资金实力等方面来讲都是广州同行业里的佼佼者。

其在广州地区的主要竞争对手是同区域内的亚豪建材城和位于广州市城西路的徽园陶瓷商业城,在与上述两家家居建材卖场的竞争中,万佳家居装饰广场占据较大优势,以下为优势分析:

● 比较同区位的亚豪建材城

1. 商城布局合理、区域位置优越

广州万佳家居装饰广场在建造之初就是以打造一流的一站式购物广场为目的而设计的。而同区域内的“亚豪建材城”是由大型住宅小区“亚洲豪苑”的底商招租逐渐发展而来。由于缺乏前期规划，亚豪建材城至今仍未成气候。相比之下，万佳广场在建筑设计的合理性，广场停车位的数量以及绿化率方面都要胜出一筹。

2. 营业规模大、品牌知名度高

万佳广场的建筑面积3万平方米，商场出租率100%且供不应求，为了满足更多高品质商家进驻的要求，目前万佳广场二期工程正在扩建中。这一点是亚豪建材城远不能及的。而且万佳广场在卖场知名度、卖场管理、品牌数量以及销售产品的多样性等方面都要远胜亚豪建材城。

● 比较徽园陶瓷商业城

1. 定位中高端

徽园陶瓷商业城销售的产品定位在中低端家居产品，而万佳家居装饰广场通过实行品牌准入制筛选出了众多实力雄厚的品牌代理商，其主要以销售中高端品牌家居建材为主。

2. 产品种类丰富

徽园陶瓷商业城的商家主要以瓷砖和卫浴的销售为主。而万佳广场除销售瓷砖、卫浴之外，还主营橱柜、五金、家具、地板、楼梯、门业、文化石、墙纸以及装修设计等。

综上所述，广州万佳家居装饰广场无论是在卖场知名度、产品丰富程度、购物环境的舒适度还是入驻商家实力等方面，都是其他两个卖场所不能比的。

二、与广州万佳家居装饰广场开展个人助业贷款业务批量授信介绍

广州万佳家居装饰广场主要分5个区域经营,分别是A、B、C、E、F区。签约商户多为国内外知名建材品牌代理商。

对于建材贸易公司(即品牌代理商)而言,其经营方式主要分为散客零售和承包工程两种。

散客零售作为建材贸易公司的日常经营业务通常需要相当大的库存以保证正常的销售供应。这种建材贸易公司一般都有能力自给自足。但是当接到工程后,建材贸易公司需要在短时间内大量进货。这时就有可能出现现金流的短缺并产生向银行贷款融资的需求。这种融资需求与建材贸易公司的业务量成正比。也就是说,建材贸易公司的业务量越大,其融资需求越大。

通过分析建材贸易公司(即品牌代理商)的上下游可以看到,建材贸易公司在整个行业的资金链运转中始终处于劣势状态。

上游的建材生产企业(即供货商)由于地位比较强势且需要购买大量原材料加工产品,通常会要求建材贸易公司支付全额货款才发货。而下游的建筑工程公司(即工程方)通常会采用"签合同时付少量订金+每批货送达时付85%左右的货款+最后一批货送达验收后付尾款"的结算方式并且极有可能出现拖欠尾款的现象。

因此与广州万家家居装饰广场合作将会给银行带来大量优质的个人助业贷款客户。目前与银行初步达成个人助业贷款意向的主要有广州金地建材贸易有限公司,其他几家较大的建材经销商也都有合作意向。

- 广州金地建材贸易有限公司简介

广州金地建材贸易有限公司销售的主要产品包括:东鹏陶瓷、东鹏洁具、骏仕陶瓷、蒙地卡罗瓷砖、新世域瓷砖、鹰鹏陶瓷等同时进行石材

加工，满足客户多方位需求。公司法人代表林伟胜，注册资本人民币100万元，经营范围为装饰装修材料、建筑材料等。

广州金地建材贸易有限公司，下辖城西、塔光、华泰、万佳等分店，全公司共有员工80多人。公司创建多年，随着规模的不断壮大和销售领域的不断扩展，该公司已经在全岛形成了一定规模的销售网络。

广州金地建材贸易有限公司已先后承接了广州省内许多著名的工程项目的主材供应。同时，公司下属的装饰公司也承接了许多工程项目的施工，如市教育局办公大楼装修、教育局下属多个学校的改造。

广州金地建材贸易有限公司目前在万佳广场的营业面积达1000平方米，2010年的营业额在5000万元以上。

该公司本次贷款融资需求为人民币400万元。

三、本次合作方案中个人助业贷款具体方案

（一）实行借款人准入制度–借款人资格审核

1. 筛选优质客户

通过对卖场中签约商户年营业额分析以及万佳广场的推荐，银行将筛选出原则上年营业额需1000万元以上的优质签约商户。

2. 二次筛选签约商户

在银行划定的年营业额基础上，对符合条件的目标客户详细调查与二次筛选，从中挑选出经营状况好、规模较大、品牌较好的客户开展合作。

3. 具体准入基本条件

（1）依法经工商行政管理机关或主管机关核准登记的个体工商户或企业；

（2）卖场签订租赁合同的入驻商户；

（3）与厂家签订代理合同，并能提供代理合同及相关协议；

（4）商户与卖场签订的合同需明确代理品牌，且代理该品牌时间在

1年以上;

(5)其他条件需符合银行个人助业贷款管理办法相关规定。

(二)担保方式

根据借款人自身基本条件和需求,允许采取以下两种担保方式:

1. 保证担保

无法提供抵押物业的,经银行认可的担保公司提供连带责任保证担保。

2. 保证+抵押加成

按照银行个人助业产品管理办法的相关规定执行。保证加成抵押方式抵押率最高不超过抵押物价值的90%,同时抵押率不超过70%。

(三)定价

贷款利率不低于中国人民银行规定的同期同档次贷款利率上浮30%执行;单户存贷比达到50%以上的,可上浮20%执行。

(四)贷款流程

(1)资料

①贷款申请书;②借款人及配偶身份证明;③借款人及配偶户口本;④婚姻有效证明;⑤最近1年银行流水及家庭资产情况;⑥贷款用途资料,包括有订单计划书,发货单、收货单,年度合同等;⑦人民银行征信;⑧其他。

(2)用款企业提供的相关资料

①企业营业执照(个体工商执照);②章程(个体工商户除外);③验资报告;④组织机构代码;⑤税务登记证;⑥代理产品协议或合同;⑦与卖场签订的租赁协议;⑧最近6个月企业流水账及近期财务报表;⑨其他。

(3)抵押担保资料

- 如果采用保证担保方式:

由担保公司向银行出具《意向担保函》,银行审批通过后,向银行出具《同意放款通知书》。

● 如果采用抵押担保方式：

需提供：①房地产权证；②预评估报告；③审批通过后，需出具正式评估报告。

(4)贷款人要求提供的其他材料。

操作流程：

①借款人向银行提出贷款申请。

②客户经理和担保公司风险经理与客户面谈，并将银行贷款资料清单交于客户。

③客户准备资料完毕，分别交于银行与担保公司。

④银行主办客户经理及支行主管行长对借款人进行初步资格审查；担保公司对借款人进行资格审查。

⑤担保公司对借款人进行资格审查并向银行出具《意向担保函》。

⑥上报分行进行授信审批。

⑦与客户签订贷款合同及相关协议。

⑧授信审批通过后担保公司向银行出具《同意放款通知书》。

⑨放款中心审核客户放款资料无误后放款。

⑩贷后材料归档。

四、与万佳广场开展个人助业贷款批量授信的综合收益分析

(一)贷款利息，原则上贷款利率上浮不低于30%。

(二)对公开户，预计开户数可达80户以上。

(三)对私开户，预计开户数在200户左右。

(四)对公存款，预计对公存款1亿元。

(五)对私存款，预计对私存款5000万元。

(六)资金托管业务中间收入。

(七)个人电子银行套餐。

(八)企业网银。

(九)POS机、支付易、ATM。

(十)优质客户VIP卡。

(十一)信用卡及存贷通。

以上收益随着合作深入,以及合作的加强还有较大的上升空间。

五、除了综合收益,批量授信还能给我们带来

万佳广场的批量授信贷款除能给我们带来直接的经济和业务效益以外,最重要的是还能提高银行个人贷款在广州地区的影响力,提高银行在广州同业中的形象。

(一)经销商发达的营业网络是银行良好的宣传载体

万佳广场的签约商户多为国内外知名建材品牌代理商和知名装修设计公司,他们的营业网络基本涵盖了整个广州的建材及家装市场。他们都是银行的良好宣传载体。

(二)批量授信可以复制

只要"万佳批量授信"能够取得成功,就可以将类似的经验应用到广州的其他大卖场中去,"广州万佳家居装饰广场"其实也是一个"优质中介",所谓批量授信,就是利用"优质中介"成熟的销售网络给银行带来批量的、优质的、稳定的客户。

六、万佳批量授信所需额度估算

广州万佳家居装饰广场现有入驻商家共100家,我们保守估计有30%的商家向银行申请个人助业贷款,每笔贷款额度300万元。则:

30家×300万元=9000万元

七、万佳批量授信风险揭示

(一)担保风险。本方案中万佳家居装饰广场签约商户自身拥有足值优质抵押物业的商户较少。

(二)贷款资金挪用风险。用款企业在实际经营中往往存在资金挪用或违规使用的情况。

（三）经营风险。企业经营不善导致资金流断裂，不能按时足额还款。

八、万佳批量授信风险缓释

（一）引入广州市担保投资有限公司提供第三方连带责任担保，通过担保公司的引入，解决贷款风险中担保不足或无担保等情形。

（二）贷款资金的支付和使用严格执行“三个办法，一个指引”等相关规定，杜绝企业挪用或擅自使用的情形。

（三）挑选优质借款人，提高准入门槛，选择优质商户作为业务合作对象。

（四）要求用款企业在银行开立结算账户，流动资金回笼到银行。通过对现金流的分析和控制提高对企业经营情况的了解，控制经营风险。

附：客户基本材料清单

编号材料名称文档形式备注

①营业执照副本/事业单位法人证书复印件。

②组织机构代码证复印件。

③法定代表人身份证（或护照）复印件。

④公司章程（事业单位，未进行公司制改革的国有企业可不提供）复印件。

⑤验资报告（新建企业必须提供）复印件。

⑥近 3 年度及近期财务报表、审计报告（新建企业除外）复印件。

⑦有权机构（董事会或股东大会或上级主管机关，视具体情况而定）出具的同意向银行申请授信的决议（依据法律法规、公司章程及其他法律文件等规定判断）原件。

⑧公章和法定代表人的签字样本原件。

⑨需要提供的其他材料。

备注:企业提供的复印件均要求加盖公章,并且银行经办人员须与原件核对。

客户审计报告,除按照规定可以不审计的,原则上须提供经审计的财务报表和审计报告。

【案例3】广南县第一人民医院供应商金融服务方案

尊敬的广南县第一人民医院:

广南县第一人民医院是全军规模最大的综合性医院,集医疗、保健、教学、科研于一体,是国家重要保健基地之一,负责中央、军委和总部的医疗保健工作,承担全军各军区、军兵种疑难病的诊治,医院同时也收治来自全国的地方病人。医院拥有国际一流的先进医疗设备、科研仪器19702余件,价值百万元以上的医疗设备316台。

雄厚的技术力量和先进的诊疗手段,促进了医院技术水平和医疗质量的不断提高,临床初诊与确诊符合率达99.36%,危重病人抢救成功率达90.48%,治疗有效率达97.93%。年门诊量近500万人次,日均门诊量1.1万人次,收容病人12.5万人次,开展各种手术6.56万例。同时,医院每年开展250多项新业务、新技术,形成了明显的技术特色和优势,使许多疑难病得到有效诊治,许多复杂手术和重大抢救获得成功,一些诊断治疗技术达到国际先进水平。

银行是一家以创新求生存、谋发展的现代化商业银行。从代理贴现到电子票据,从银企直联到网上开证,从九大金融解决方案到赢·家·计划,无不创造性地满足了客户的需求,在业界一直是金融创新的佼佼者。在IPO资金成功募集的背后,在与国家级大型企业深入金融合作的过程中,在成功中标航天科工、华北电网、财政集中支付等重大项目的现场,都能看到我们用心服务、创新服务的足迹。银行先后成功参与多个重大项目的金融服务与支持,得到了广大客户的肯定与信任,积累了成熟的大型项目运作与管理的经验。

全心服务客户,专业创造价值。银行通过认真研究贵院的特点,并在贵院专家的指导下,提出本金融服务建议书,旨在提供"差别化、个性化"的金融产品服务。如有不足之处,请不吝赐教。

顺颂商祺。

××银行

第一部分　银行

银行股份有限公司简介

银行 A 股股票在上海证券交易所挂牌上市。

截至目前,银行在北京、上海、广州、深圳、武汉、大连、南京、杭州、太原、石家庄、本溪、西安、福州、济南、宁波、成都、天津、昆明、苏州、青岛、温州、泉州、汕头、郑州、长沙、长春、合肥、南昌设立了 29 家分行,并已计划在沈阳、呼和浩特、南宁等地设立机构,在中国香港设立了 1 家代表处,机构总数量达到 377 家。

第二部分　广南县第一人民医院金融服务建议

一、背景分析

医药行业因其特殊性,国家的监管政策非常严格,企业的经营相对较为规范,近年来虽在外地发生一些假药案件,但对于北京市场,由于招标环节把关严格,未出现大规模的因药品质量引发的行业危机。北京医药行业几乎不受行业周期影响;国家推行的医疗改革,主要影响的是药品零售终端的利润,对于通过招标进入的批发商,因为招标价格透明,利润空间相对固定,国家政策影响较少。

在北京区域,处于医药产业链下游的药品批发零售和医药卫生行业发展尤其繁荣。以三甲医院为例,全国共 100 多家三甲医院,北京地区独占 48

家。这也造成在北京区域形成了医疗机构最强势,药品批发零售企业次之,医药制造企业较弱势的特殊产业链格局。

而贵院作为三甲医院中的佼者,资金流充裕,对财务成本敏感,资金需求较少;产业链上游集聚着大量稳定的中小企业,这些企业普遍存在资产规模小、抵押资源少、财务不规范等问题,较难得到银行的支持。

基于上述背景情况,银行提出以下几种方案,供产业链上游供应商选择。

二、方案简介

1. 方案一(国内保理融资):

(1)业务简述。

银行国内保理业务,是指银行与卖方签署合同,卖方将在国内采用赊销方式进行商品交易所形成的应收账款转让给银行,由银行对其提供综合性金融服务,包括贸易融资、应收账款管理、应收账款催收和坏账担保等。

(2)业务流程。

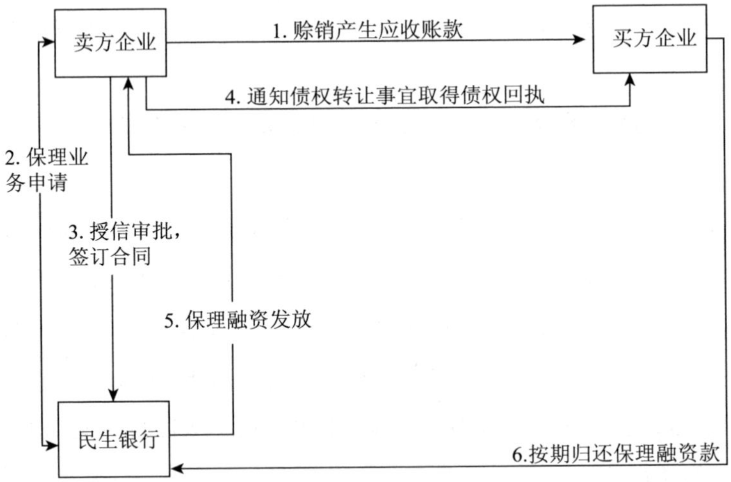

附图 2 业务流程

①买卖双方签订销售合同，卖方产生应收账款。

②卖方向银行申请保理业务。

③银行经调查、审批后与卖方签订保理合同。

④银行与卖方企业通知买方企业应收账款转让事宜，并取得买方企业的确认回执。

⑤银行向卖方企业发放保理融资款项。

⑥应收账款到期，买方付款至银行指定账户。

(3)业务优势。

①及时回笼资金，开辟融资新渠道。

②应收账款转化为现金，优化资产负债表及现金流量表。

③释放坏账准备，利润增加，优化损益表。

④银行介入客户收款过程，规范债权债务双方关系。

2. 方案二(应收账款融资)：推荐模式

(1)业务简述。

银行应收账款融资是指以授信申请人(本方案中指药品供应商)持有的应收账款为还款来源(或担保手段)的授信业务。应收账款是指权利人(本方案中指药品供应商)因提供一定的货物、服务或设施而获得的要求义务人(本方案中指贵院)付款的权利，包括现有的和未来的金钱债权及其产生的收益，其中包括销售、出租产生的债权；提供服务产生的债权及银行认可的其他债权。

(2)业务流程。

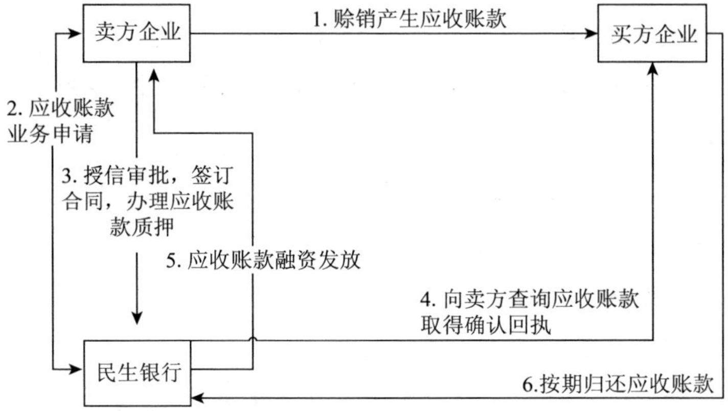

附图 3　业务流程

①签订销售合同,卖方产生应收账款;

②卖方向银行申请应收账款融资业务;

③银行经调查、审批后与卖方签订授信合同,办理应收账款质押;

④银行向卖方企业查询应收账款事宜,并取得买方企业的确认回执(附件 1);

⑤银行向卖方企业发放应收账款融资款项;

⑥应收账款到期,买方付款至银行指定账户。

(3)操作要点。

①买方仅限于广南县第一人民医院。

②交易合同的要求:

· 有合法、真实、有效的交易背景,非操纵定价的关联交易;

· 对货物规格、品质、检验、支付方式、纠纷解决方式等有明确的规定。

③设立回款专户,应收账款设定质押/转让,资金封闭运作:

· 申请人在银行开立回款专户(按保证金账户性质管理);

· 回款专户通知买方企业(贵院),并取得买方加盖公章、财务章或其他业务

部门章的书面确认(需要贵院配合签订补充协议或三方协议或其他确认形式);

· 可提供该回款专户已接收买方货款的凭证;

· 可按保理标准流程操作(主动送达、公证送达);

· 付款方式一般应为电汇方式,若约定以票据方式或其他非现金方式结算的,授信申请人在取得票据后应交由银行贴现或保管。

④对账。

· 每月核对,必要时与买方直接核对;

· 若受信人与买方采用电子交易方式的,受信人应提供相关的电子交易用户名及密码,定期登录查询相关业务信息并与业务台账核对。

(4)业务优势

①盘活应收账款,持续改善企业经营现金流,加速资金周转;

②无须其他担保或抵押,仅凭应收账款转让就可以轻松获得银行融资;

③帮助企业节约管理成本,降低经营风险,提高营运效率。

附:

应收账款查询函(通知联)

广南县第一人民医院:

××公司为贵院贸易合作企业,为缓解该公司资金压力,并基于该公司与贵院有真实贸易背景的前提下,银行为其提供授信额度人民币××万元,为确保银行授信还款来源,银行依据信贷要求查询该公司财务账,其账面反应截止××年××月××日××公司应收贵院账款××万元。

请贵院核对是否相符,如有不符,请贵院予以说明;贵院核对后,请在加执联上签章,返还银行。

银 行

年 月 日

应收账款查询函(回执联)

银行:

截至××年××月××日,我院财务账面反映应付××公司账款余额为××万元,与××公司财务挂账应收我院账款××万元:

□相符

□不相符,不符的原因是________________。

提示:请在上述相应选项前的"□"标注"√"。

单位签章(公章或预留印鉴):

年　月　日

【案例4】大型租赁公司授信方案

一、租赁双方基本情况

1. 出租人:广东富银融资租赁有限公司

广东富银融资租赁有限公司为市属国有重点骨干企业。依托市政府和国资委资源优势(前三位股东均为市国资委直属企业),确定城市公交、轨道交通、汽车、轮船、飞机等交通运输设备,机械制造、成套工程、市政工程、印刷、医疗、电力等各项设备为重点业务领域。目前,富银融资租赁已为公交车辆、船舶、轨道交通建设等项目提供了融资租赁服务,富银租赁租赁现有租赁业务规模5亿余元,租赁项目17项,租金收取率为100%,无一笔逾期租金,无一笔呆坏账,各租赁项目运行良好。

2. 承租人:本溪钢铁(集团)有限责任公司

本溪钢铁(集团)有限责任公司(以下简称本溪钢铁集团),至今已有120年的历史,是国有独资大型钢铁联合企业,注册资本15.97亿元,本溪钢铁集团1995年被国务院确定为全国100家首批现代企业制度试点企业,1997年被列为国家120家企业集团试点单位,1998年被列为国家重点联系的512家国有大型企业之一。进入21世纪,伴随着我国国民经济的快速发展和钢铁工业迅猛发展之态势,本溪钢铁集团经过一系列的技术改造和技术创新,到“十五”末,完成技改投资42.60亿元,形成年产300万吨钢的综合生产能力,并初步形成普钢的中厚板和薄板,普钢的高线和优质特殊钢生产线“两板两线”的生产体系。

二、租赁双方合作背景

由于本溪钢铁集团环保搬迁工程投资巨大,建设周期长,同时非钢产业的发展需要大规模的设备投入,在国资委的协调下,本溪钢铁集团拟采用融资租赁方式创新融资渠道,优化财务结构,并与富银融资租赁达成合作意愿。

目前租赁双方已初步确定了设备售后回租合作模式,富银融资租赁购买本溪钢铁集团设备后,本溪钢铁集团开立收据,并将其购买设备的发票正本存于富银融资租赁。目前,富银融资租赁草拟了《融资租赁合作框架协议》,待银行资金落实后与本溪钢铁集团正式签署。框架协议明确了整体融资租赁规模18亿元,租赁期限5年,本溪钢铁集团在租赁期第一年只支付租赁本金利息,第二年开始再按季等额还本付息。

三、担保人基本情况

本次租赁保理融资由富银融资租赁的第一大股东富华集团有限公司提供连带责任担保。富华公司是经本溪市人民政府批准组建的国有独资综合性资产经营管理有限公司。公司于2004年3月18日正式成立,注册资本19亿元。公司资金实力雄厚,融资能力强,具有较强的担保能力。

四、本次保理融资方案

(一)总体方案

为满足富银融资租赁融资需求,银行在充分了解租赁双方及租赁项目基本情况的基础之上,制定以下保理融资方案:

1. 业务类型:国内有追索权保理;

2. 协议文本:《国内有追索权租赁保理业务协议》《委托收款及资金质押协议(适用于租赁保理)》;

3. 租赁物品:融资租赁合同中明确的各种设备(目前清理的设备清单详见附件2,最终设备以租赁合同中明确的为准);

4. 出租人:广东富银融资租赁有限公司;

5. 供货人/承租人:本溪钢铁(集团)有限责任公司;

6. 担保人:富华集团有限公司;

7. 融资期限:与融资租赁合同中约定的租赁期限匹配(5年以内);

8. 承租人还款方式:按照租金支付计划表还款,直接付至出租人在银行开立的监管账户;

9. 融资比例:不超过合格应收租金的85%;

10. 应收账款通知时间:融资前通知;

11. 应收账款通知方式:承租人书面确认《应收租金债权转让通知书》。

(二)具体流程

1. 银行与出租人签署《国内有追索权租赁保理业务协议》,要求出租人将与承租人租赁合同项下的应收租金整体转让给银行。出租人融资前通知承租人应收租金转让事宜,并向银行提交经承租人签章确认的《应收租金债权转让通知书》。

2. 按照银行要求,出租人在融资前,还需向银行提交以下单据:

(1)《租赁保理业务申请书》;

(2)租赁双方签署的融资租赁合同(通常情况下,租赁合同与买卖合同为同一合同,若租赁双方单独签署买卖合同,则需提供)及全部附件(含租赁物清单、租金支付计划表等)(合同正本须批注“银行已提供融资”字样);

(3)租金偿还计划明细,列明每期应收租金中的本金和利息构成情况。

所有复印件在确定真实性后由客户经理在复印件上签署“与原件核对相符”。

3. 银行审核单据无误后,按照出租人提供的租金支付计划表,一次性按照出租人应收租金85%的融资比例向出租人融资,融资后,出租人应立即向银行提交以下单据:

(1)租赁物购买收据及支付凭证复印件;

(2)“×××银行”为第一抵押权人的租赁物抵押登记证明;

(3)受益人为“×××银行”的保险单据。

此外,承租人在租赁期第一年内只支付租赁本金利息,第二年开始按季等额还本付息。承租人将以转账支票方式将租金付至出租人在银行开立的监管账户归还融资,出租人按季开立租金发票后提交至银行。

五、风险分析及控制措施

1. 融资前通知承租人应收租金债权转让事宜,并由承租人提供《应收租金债权转让通知书》签章回执,对合格应收租金的真实性提供了强有力的保证。

2. 银行要求出租人将租赁物设定抵押,并在工商局办理抵押登记,银行为抵押权人。

3. 承租人为租赁物投保相应的保险,银行为保险受益人。

4. 本次融资由国资委下属的渝富公司提供连带责任担保。渝富公司资金实力雄厚,融资能力强,具有较强的担保能力。

5. 如遇人民银行调整贷款基准利率,出租人将出具给承租人的租金调整通知提交至银行。如果贷款基准利率大幅下降,导致未来的应收租金与已由承租人支付至出租人监管账户的金额之和不能覆盖银行的融资金额,出租人应于5个工作日内向银行存入差额部分的保证金。

6. 银行按照租赁保理业务管理办法为出租人开立监管账户并与出租人签署《委托收款及资金质押协议(适用于租赁保理)》,将该监管账户作为其与承租人交易的回款账户。考虑到承租人以转账支票方式支付租金,为保证承租人按期将租金付至出租人在银行开立的监管账户,经营机构客户经理需上门收取支票,并监督出租人将支票款项付至其在银行开立的监管账户,用于归还保理融资。

7. 融资后,客户经理应密切关注出租人、承租人、担保人的经营情况、财务状况、承租人的租金偿付能力以及租赁物的价值变化情况等,一旦发现异常变动,要立即联系相关部门做好应收租金的催收和管理工作,保证款项的安全收回。

8. 客户经理在融资后应定期跟踪租赁项目及租赁设备的运行使用情况,对于租赁设备具有潜在的风险或其他足以危害租赁设备价值的隐患时,应要求出租人或承租人立即采取必要措施消除危险,以保障银行信贷资产安全。

六、其他情况说明

综上所述,考虑到以下因素:① 本次租赁保理租赁双方均为国资委下属企业,承租人本溪钢铁集团为银行总行级重点客户,授信评级AAA级,具有良好的信誉,作为国有大型钢铁企业,其经营效益好,付款能力强,还款有保障。② 本次融资租赁资金主要用于本溪钢铁环保搬迁工程,该工程被本溪市委、市政府列为本溪市“十一五”规划“一号工程”,并于2009年写入了国务院3号文件,成为本溪市统筹城乡改革和发展的国家级重点工程。该工程的顺利实施,对本溪主城区环境保护、本溪市产业升级,以及本溪钢铁集团新一轮的加速发展,都具有非常重要的意义。国家和本溪市政府将会全力支持该工程的发展和项目推进。③银行在风险控制措施中,要求出租人将租赁物设定抵押,并在工商局办理抵押登记,银行为第一抵押权人;同时,要求承租人为租赁物投保相应的保险,银行为保险受益人。④本次融资由国资委下属的公司提供连带责任担保。公司资金实力雄厚,融资能力强,具有较强的担保能力。银行认为本次租赁保理风险可控,因此在保理方案没有设定保证金比例,且融资比例为85%。

附1:《融资租赁合作框架协议》

附2:租赁物清单(略)

附1:

合同编号:工商银第

商银合作协议

甲方(经销商):

地址:

法定代表人:

联系人: 电话:

传真:

乙方:钢铁厂商

地址:

法定代表人:

联系人: 电话:

丙方(银行):

地址:

负责人:

联系人: 电话:

传真:

为加强银企商合作,促进封闭运作方式下货权质押授信业务的顺利开展,甲、乙、丙三方本着友好协商、互惠互利的原则,根据《中华人民共和国合同法》和《担保法》等有关法律规定,就甲方以甲、乙双方签订的《新钢重点用户经销协议书》及其项下子合同《钢材购销合同》(以下共同简称为协议书)的货物为质押,向丙方申请年银行承兑汇票敞口额度人民币__________________事项达成以下合作协议。

第一条 根据甲、乙双方的产品购销关系和甲方的情况以及销售规模，甲方向丙方申请一定额度、一定期限的货权质押授信额度。

第二条 根据甲方向乙方购货用款的需要，甲方向丙方申请开立以乙方为收款人的银行承兑汇票。甲方提出前述申请后，丙方与甲方另行订立具体的银行承兑协议，确定丙方该笔具体承兑债权的内容，该银行承兑协议仅对甲、丙方具有法律约束力，与乙方无关。

第三条 甲方根据协议书签订的购买量，在其授信额度内向丙方申请开具计划所需的银行承兑汇票(银行承兑汇票期限为3~6个月)并向丙方交足该批银行承兑汇票总额________%的保证金，银行承兑汇票的收款人指定为乙方；该银行承兑汇票用于甲方向乙方订购钢材，实行封闭运作，专款专用。该银行承兑汇票由丙方直接送交乙方，乙方收票后应向丙方予以确认。

第四条 乙方保证在丙方银行承兑汇票出票日后60天内按照协议书(仅为协议书约定产品，同时必须明示其项下货物已经质押给丙方)约定发货。甲方支付的银行承兑汇票总金额应等于协议书规定的发货金额。若发货金额超过票面总金额部分由甲方以现款方式与乙方结清；若发货金额少于票面总金额，则票面总金额超出部分转入下笔业务。

甲、丙方另行签订《质押合同》，甲方同意将该协议书项下货物质押给丙方，甲方为出质人、丙方为质权人；甲乙双方均同意在乙方发货后由甲方将该协议书项下的相关单据提交丙方。

第五条

(1)乙方采用铁路运输方式、水运送货运输方式、公路送货运输方式发运协议书项下货物时，应该分别将该批货物的《铁路货运单》《水路货运单》《公路货运单》的收货人明示为丙方或丙方指定收货人(代甲方收)，并将货物交付到指定收货地点。

(2)协议书项下货物在运输(铁路和水路)过程中,由乙方负责代理甲方购买货物运输保险(货物运输综合险),该保险费用由甲方承担。在货物送达丙方指定到站仓库前,因货物毁损造成丙方损失,由乙方负责获得保险公司赔付后转付给甲方(或由甲丙双方出具合法的转赔证明后,方能转付丙方)。由于货物运输保险免赔事项造成丙方的损失由甲方承担全部赔偿责任。

(3)因乙方发送的货物不符合协议书的规定,致使甲、乙双方产生争议,甲乙双方协商解决,与丙方无关。

(4)同时甲、丙方与丙方指定的到站仓储方签订三方协议,明确该协议书项下货物到指定收货地点后实行封闭保管,货物的提取只能接受丙方书面授权,其他提货凭据无效,并且相关的装卸、仓储费用由甲方承担。

第六条 甲、乙、丙三方约定:甲、乙双方依据所签订的协议书条款规定发货,发货时必须列明:(1)订货人为甲方;(2)指定收货人为丙方(代甲方收);(3)指定收货地点为:____________________。收货人指定仓库:____________________。指定收货单位、指定到货地点未经丙方同意不得更改。

第七条 乙方于丙方银行承兑汇票出票日 60 天内,由于乙方原因导致丙方未能在指定地点收到乙方应按协议书所发全部货物(不可抗力除外),乙方向丙方退回与不足货物相等值金额的银行承兑汇票或现款。

第八条 甲方保证协议书项下货物到达指定收货地点后(无论货物是一批还是分批到站),及时向丙方增补保证金,由丙方根据甲方补交金额量出具提货手续。

第九条 在货到指定收货地点超过 20 个工作日后,甲方未赎回全部到站货物,乙方承担剩余货物的回购责任。丙方应在开具给乙方的银行承兑汇票到期前30天(含30天)将甲方未赎回的货物数量及相应金额通知乙方以便做好回购准备(若丙方在上述期间内未将回购通知送达乙方的,乙方将不承担回购责任)。乙方确定回购后应当以回购时乙方区域价的70%予以回购,并在收到丙方正式的回购通知后10个工作日内将回购款项扣除应付装卸、仓储费用(按回购时乙方区域价的5%暂扣,待实际费用发生后多退少补)后汇至丙方指定的账号,乙方即取得相应货物的所有权。由于货物回购而引起的所有装卸、仓储费用均由甲方承担。

在乙方回购剩余货物后,甲方必须按回购货物的相应金额开具发票给乙方。

甲方未赎回全部到站货物,丙方可酌情扣减甲方存在丙方的保证金。

第十条　甲方承诺其____%开票保证金项下的货物待补足全额保证金后方可提取。

第十一条　甲、乙、丙三方建立健全对账制度,定期联系、核对账务。

第十二条　本协议一式六份,甲、乙、丙三方各执二份作为履约依据,具有同等法律效力。

第十三条　本协议项下的和本协议有关的一切争议、纠纷均由三方协商解决,协商不成的,任何一方均可以向各自所在地的人民法院提起诉讼。

第十四条　各方应切实履行协议的各项义务,如果违约,应赔偿守约方的债权本金、利息、罚息及实现债权的费用(包括诉讼费、律师费、差旅费等)。

第十五条　本协议自甲、乙、丙三方法定代表人或其授权代表签字并加盖公章之日起生效。有效期自本协议生效之日至2013年____月

____日止。

第十六条 《新钢重点用户经销协议书》为主协议,本协议为从协议,主协议终止,从协议随之终止。

甲方(盖章)

法定代表人或委托代理人(签章):

乙方:(盖章)

法定代表人或委托代理人(签章):

丙方:(盖章)

法定代表人或委托代理人(签章):

签订日期:　　年　　月　　日

附2：

预留印鉴和授权人签字表

根据　　　　　　　　　号《工商银合作协议》的约定，为便于业务进行，经三方协商一致，同意以下印鉴表中所预留的印鉴作为开展本合同项下业务流程中有关文件及交接的印章，各方均承认所预留印鉴的真实性和合法性，并已经本方有权机构的授权认可，任何一方均承认在文件中加盖上述印鉴的有效性。

合同各方预留印鉴　　甲方（经销商）　　乙方（厂商）　　丙方（银行）

附3：

票据签收确认回执

致：　　　　　　　　　　　　　（银行）

现确认：我公司业已收到贵行交予的银行承兑汇票______张，具体信息如下：

1. 编号：________________，金额：人民币__________万元

2. 编号:________________,金额:人民币__________万元

3. 编号:________________,金额:人民币__________万元

4. 编号:________________,金额:人民币__________万元

5. 编号:________________,金额:人民币__________万元

签收人:

签收单位:　　　　　(预留印鉴)